MARTIN KINTRUP

# STUDENTEN KOCHBUCH

## vegetarisch

Fotos: Coco Lang

## FRÜHSTÜCK



## OHNE BESTECK – AUCH ZUM MITNEHMEN



## FÜR DEN KLEINEN HUNGER

## FÜR DEN GROSSEN HUNGER



## BEEINDRUCKEN

TAKE ME
TO THE
HOSPITAL

*AUCH ICH HABE STUDIERT* – und zwar etwas länger als die meisten. Daher weiß ich genau, wie die erste Zeit des Studi-Lebens abläuft. Zu Beginn ist so viel zu organisieren: die Einschreibung, eine WG suchen, neue Leute kennenlernen und mit ihnen die wildesten Partys feiern. Später dann Referate, Klausuren und mündliche Prüfungen: Da bleibt fürs Kochen erst mal wenig Zeit; ein Glück, dass es die Mensa oder den Bäcker um die Ecke gibt. Spätestens ab dem zweiten Semester sind Mensa und Fast-Food langweilig. Die ersten selbstkreierten Köstlichkeiten werden bei Partys aufgetischt und begeistert vernichtet – der Mitbewohner hat gerade das neueste Veggiekochbuch gekauft und versorgt die WG fleißig mit Falafel, Lasagne & Co. Die Lust am gemeinsamen Essen steigt und damit auch der Wunsch, selbst der Held am Herd zu sein. Der Einstieg dazu ist ganz leicht. Dafür habe ich lauter kreative vegetarische Rezepte entwickelt, die ohne großen Aufwand und den Geldbeutel schonend auch in spartanisch ausgestatteten WG-Küchen problemlos zubereitet werden können.

Viel Spaß beim vegetarischen Kochen wünscht

# KÜCHEN-BASICS

### *Küchen-Must-Have*

Zur absoluten Grundausstattung gehört ein **Herd,** möglichst mit **zwei Platten** und einem **Backofen.** Da all dies nicht jeder sein Eigen nennen kann, sind fast alle Rezepte auf einer Platte und die meisten auch ohne Backofen zu bewerkstelligen. Unerlässlich ist der **Kühlschrank,** am besten mit Dreisterne-Kühlfach. Dort finden auch mal schnelle Fertiggerichte, TK-Gemüse, Blätterteig & Co. einen Platz. Zum Säubern von Lebensmitteln und der Küche selbst sowie zum Händewaschen – denn Hygiene ist sehr wichtig – wird eine **Spüle,** am besten mit heißem Wasser benötigt.

### *Küchenzubehör sammeln*

Wer frisch zu Hause ausgezogen ist, muss erst mal die Küche bestücken. Einige Anschaffungen sind einfach Pflicht, um den Grundbetrieb zu ermöglichen. Gut ist es, wenn die Eltern aussortierte oder selten benötigte Teile aus der heimischen Küche beisteuern. Ergänzen lässt sich der Küchenkram auf dem Flohmarkt. Dort erhält man Besteck, Geschirr, Töpfe und Kochutensilien. Gelegentlich ergattert man auch richtig kleine Schätzchen, die mit grellen Farben und psychedelischen Blumenmustern Atmosphäre in die Studenten-WG-Küche zaubern.

### *WIEGEN & MESSEN*

Wenn man viel nach Rezept kocht, was besonders als Kochneuling durchaus ratsam ist, braucht man eine **Küchenwaage**. Diese ist in mechanischer oder digitaler Version schon recht günstig erhältlich. Zum Abmessen von Mehl, Zucker, Flüssigkeiten etc. dient ein **Messbecher.**

### *SCHNIPPELN & RASPELN*

In der vegetarischen Küche wird viel zerkleinert, geschnippelt und geraspelt. Damit das nicht zur Qual wird, sollte man zumindest **drei scharfe Messer** besitzen: ein kleines Schälmesser, ein großes, scharfes Messer mit glatter, dünner Klinge, außerdem ein Messer mit geriffelter Klinge für Brote und Brötchen. Eine **Vierkantreibe** erfüllt gleich mehrere Funktionen. Mit ihr kann man etwa Gurken hobeln, Kartoffeln raspeln oder Käse reiben. Eine **Knoblauchpresse** erspart das mühevolle Zerkleinern der Zehen. Ein **Sparschäler** enthüllt ratzfatz Gurken, Kartoffeln oder Möhren.

### *KOCHEN, BRATEN & BACKEN*

Zur Ausstattung gehören mindestens ein **kleiner Topf** für Saucen, Kartoffeln und Gemüse und ein **großer Topf** für Spaghetti, Suppen und Eintopfgerichte. Eine **Pfanne,** möglichst ofenfest – darauf beim Einkauf achten – mit hohem Rand und Deckel ist Pflicht zum Braten und Schmoren. Fürs Backen benötigt man ein **Backblech** und Backformen. Im Buch wird eine **30-cm-Kastenform** für Brot und Stuten verwendet und eine **Springform** (28 cm Ø) für runde Kuchen. Aufläufe, Gratins, Lasagne und Brownies werden in einer rechteckigen **Auflaufform** (20 × 30 cm) gebacken. Wer süße oder herzhafte Muffins und die Spaghetti-Muffins von Seite 50 servieren möchte, benötigt eine **Muffinform** und **Papierförmchen** zum Einsetzen. Ein **Backpinsel** erleichtert das Einfetten von Blech und Backformen – das verhindert das Ankleben der Teige und schützt vor starken Verunreinigungen. Das Einfetten kann man sich sparen, wenn man Blech und Formen mit Backpapier auslegt. Auch auf ein Nudelholz zum Teigausrollen kann man verzichten: Dafür einfach eine leere, gesäuberte Weinflasche verwenden. Damit bestimmt nichts daran kleben bleibt, diese einfach mit etwas Mehl bestäuben, bevor sie mit dem Teig in Berührung kommt.

### *RÜHREN, PÜRIEREN & STAMPFEN*

Ein **Handrührgerät** hilft beim Schlagen von Sahne sowie beim Teigrühren und -kneten. Noch besser, weil multifunktional, ist ein **Pürierstab** mit Quirlaufsatz und geschlossenem Mixbecher. Damit lässt sich alles fein pürieren, zerkleinern, aufschlagen oder verrühren. Geräte ab 600 Watt haben genug Power, um die eigene Muskelkraft zu schonen. Am besten von den Eltern schenken lassen, da nicht ganz billig. Ansonsten wichtig: **Schneebesen, Holzkochlöffel** und **Bratenwender.** Für perfektes Kartoffelpüree zerdrückt man die Kartoffeln am besten mit einem **Kartoffelstampfer,** ein **Fleischklopfer** oder eine stabile Gabel tun es aber auch.

## *Einkauf & Lagerung*

Gut zu kochen, fängt schon mit dem Einkauf an. Damit es später auch schmeckt, ist die Qualität der Zutaten von entscheidender Bedeutung. Obst und Gemüse sollten knackig frisch sein und möglichst nicht um den halben Erdball transportiert werden. Auch lokale Produkte haben im Jahresverlauf viel Abwechslung zu bieten – im Winter kann man ja mal einzelne Produkte aus Südeuropa dazukaufen. Ansonsten heißt die Devise **»saisonal einkaufen«**: Das fördert die lokalen Bauern, schont das Klima und den Geldbeutel. Zur Orientierung gibt es auf den Seiten 10 und 11 einen **Saisonkalender,** auf dem alle gängigen Obst- und Gemüsesorten aufgeführt sind. Wer auf eine nachhaltige Landwirtschaft Wert legt, die auf chemische Pestizide verzichtet, greift zu Bio-Ware. Bio-Produkte gibt's auch im Supermarkt zu studentenfreundlichen Preisen.

### *STOLPERSTEINE – GELATINE & KÄSE*

Nicht alles, was vegetarisch aussieht, ist es tatsächlich. Einige **Joghurts, Cremes und Fruchtsäfte** enthalten **Gelatine,** die aus Schlachttieren gewonnen wird. Hier einen ganz genauen Blick auf die Zutatenliste werfen und bei Unsicherheit nachfragen! Die meisten **klassischen Käsesorten,** z. B. Parmesan, werden traditionell mit **tierischem Lab** hergestellt und sind für Vegetarier tabu. Für alle Sorten gibt es aber passende vegetarische Alternativen, manchmal unter dem gleichen Namen, wie beim Greyerzer, manchmal unter ähnlich klingenden Bezeichnungen, wie beim Parmesan. Vegetarischer Parmesan heißt dann z. B. Montello oder Parmazano. Am besten an der Käsetheke nachfragen. Im Bio-Laden wissen die Verkäufer meist noch besser Bescheid.

### *IN DEN KÜHLSCHRANK – JA ODER NEIN?*

Milchprodukte immer im Kühlschrank lagern, angebrochene Packungen schnell aufbrauchen. Geöffnete Produkte aus Folienpackungen, wie Tofu oder Feta, in verschließbare Plastikboxen legen. Eier und Butter in der Kühlschranktür verstauen. Obst, außer Beeren, mag die unterkühlte Stimmung im Kühlschrank überhaupt nicht.

### *GEMÜSE LAGERN*

Wenn Gemüse nicht sofort weiterverarbeitet wird, ist die richtige Lagerung einfach das A und O. Die meisten Sorten sollten nur kurz aufbewahrt werden. Ausnahmen bestätigen die Regel: Kartoffeln (kühl, dunkel und trocken), Kürbis, Zwiebeln und Knoblauch (bei Zimmertemperatur) können auch schon mal etwas länger liegen. Abgesehen von Tomate, Paprika, Aubergine, Avocado und den oben genannten gehören alle gängigen Gemüsesorten in das Frischefach ganz unten im Kühlschrank. Dort in einem feuchten Tuch oder einer Papiertüte lagern, alternativ in Zeitungspapier einwickeln. So entwickelt sich ein Mikroklima, welches das Gemüse frisch hält. TK-Ware ist praktisch, hält länger, aber auch nicht ewig. Alte Packungen nach vorne und abgelaufene Produkte aussortieren.

# VORRATS-BASICS

### *Das sollte nie ausgehen*

Grundzutaten, wie Mehl, Zucker und Salz, sollten immer im Haus sein. Brot (auch zum Aufbacken im Tiefkühlfach), Butter, Eier ebenso. Reis, Nudeln und Couscous sind ewig haltbar und man kann immer etwas Schnelles daraus zaubern. Zwei Sorten Öl sind obligatorisch: Einfaches Sonnenblumenöl zum Braten und ein hochwertigeres, am besten kalt gepresstes Öl, wie Raps- oder Olivenöl, für Salate. Außerdem wichtig: Küchen- und Backpapier, Gefrierbeutel, Frischhalte- und Alufolie.

### *Würzen und Abschmecken*

Pfeffer ist Standard und schmeckt am besten frisch gemahlen. Paprika- und Currypulver dürfen auch nicht fehlen. Frisch geriebene Muskatnuss ist Bestandteil vieler klassischer Kartoffel- und Gemüsegerichte. Clevere Ergänzungen sind Zimt, Kreuzkümmel, Koriander und Ingwer. An getrockneten Kräutern sollten Thymian, Rosmarin und Oregano oder entsprechende Mischungen (z. B. Kräuter der Provence) im Gewürzregal stehen. Petersilie, Schnittlauch und Dill lieber als TK-Kräuter kaufen. Vorrat-Musts sind zudem ein heller Essig, z. B. Apfelessig, und Aceto balsamico sowie Senf, Honig und Tomatenmark.

# SAISONKALENDER

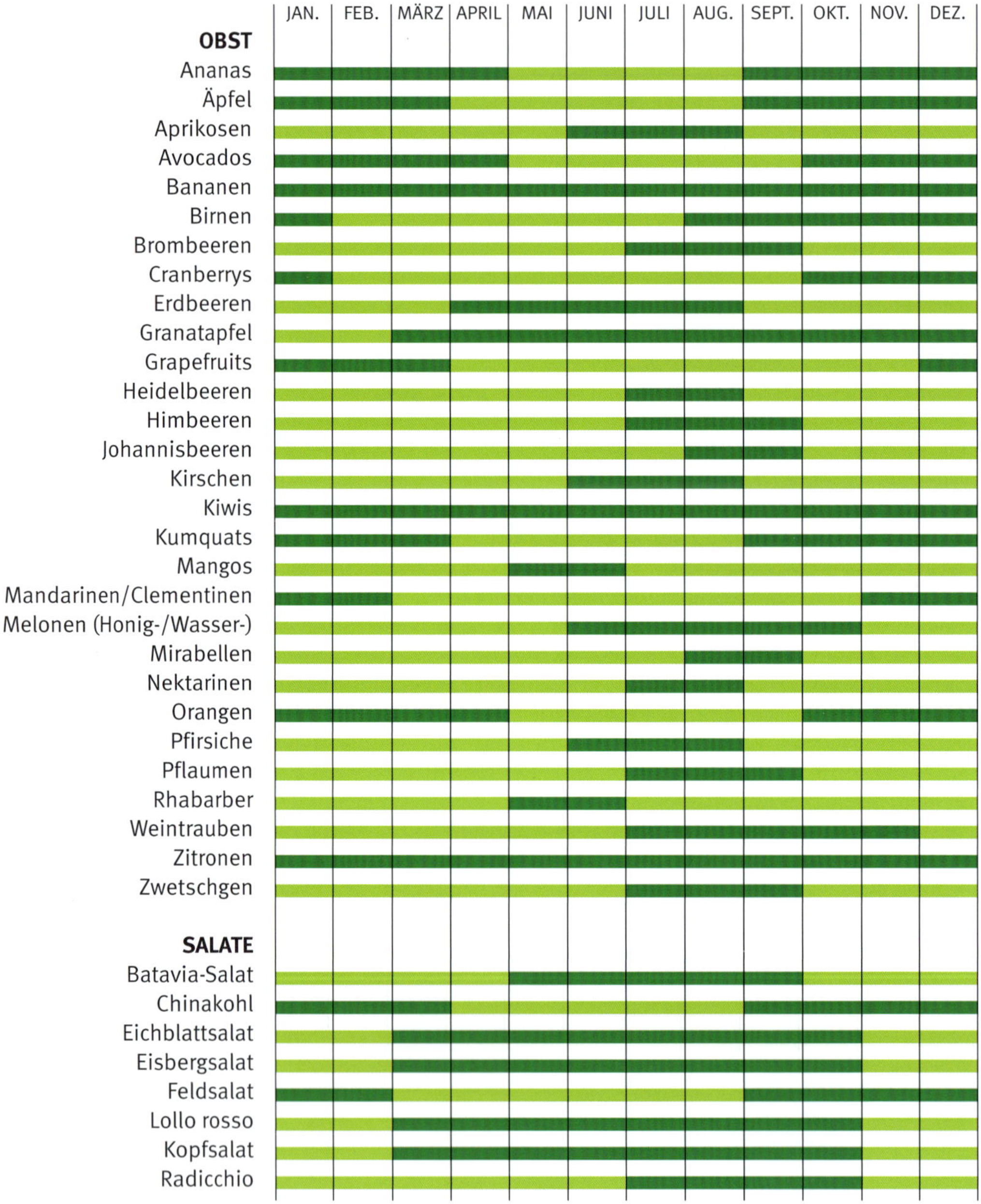

| GEMÜSE | JAN. | FEB. | MÄRZ | APRIL | MAI | JUNI | JULI | AUG. | SEPT. | OKT. | NOV. | DEZ. |
|---|---|---|---|---|---|---|---|---|---|---|---|---|
| Auberginen | ○ | ○ | ○ | ○ | ○ | ○ | ● | ● | ● | ○ | ○ | ○ |
| Blumenkohl | ○ | ○ | ○ | ○ | ○ | ● | ● | ● | ● | ● | ○ | ○ |
| Bohnen, grüne | ○ | ○ | ○ | ○ | ○ | ● | ● | ● | ● | ● | ○ | ○ |
| Brokkoli | ○ | ○ | ○ | ○ | ○ | ● | ● | ● | ● | ● | ○ | ○ |
| Champignons | ● | ● | ● | ● | ● | ● | ● | ● | ● | ● | ● | ● |
| Chicorée | ● | ● | ● | ○ | ○ | ○ | ○ | ○ | ○ | ● | ● | ● |
| Erbsen | ○ | ○ | ○ | ○ | ○ | ● | ● | ● | ● | ○ | ○ | ○ |
| Fenchel | ○ | ○ | ○ | ○ | ○ | ○ | ○ | ● | ● | ● | ● | ○ |
| Frühlingszwiebeln | ○ | ○ | ○ | ● | ● | ● | ● | ● | ● | ● | ● | ○ |
| Grünkohl | ○ | ● | ○ | ○ | ○ | ○ | ○ | ○ | ○ | ● | ● | ● |
| Kartoffeln | ● | ● | ● | ● | ● | ● | ● | ● | ● | ● | ● | ● |
| Knoblauch | ● | ● | ● | ● | ● | ● | ● | ● | ● | ● | ● | ● |
| Kohlrabi | ○ | ○ | ○ | ○ | ● | ● | ● | ● | ● | ● | ○ | ○ |
| Kürbis | ○ | ○ | ○ | ○ | ○ | ○ | ○ | ● | ● | ● | ● | ○ |
| Lauch | ● | ● | ○ | ○ | ○ | ● | ● | ● | ● | ● | ● | ● |
| Mangold | ○ | ○ | ○ | ○ | ○ | ● | ● | ● | ● | ○ | ○ | ○ |
| Meerrettich | ● | ● | ● | ● | ● | ● | ● | ● | ● | ● | ● | ● |
| Möhren | ● | ● | ● | ● | ● | ● | ● | ● | ● | ● | ● | ● |
| Paprikaschoten | ○ | ○ | ○ | ○ | ○ | ○ | ● | ● | ● | ● | ○ | ○ |
| Rettich/Radieschen | ○ | ○ | ○ | ○ | ● | ● | ● | ● | ● | ● | ○ | ○ |
| Rosenkohl | ● | ● | ○ | ○ | ○ | ○ | ○ | ○ | ○ | ● | ● | ● |
| Rote Beten | ● | ● | ○ | ○ | ○ | ○ | ○ | ○ | ○ | ● | ● | ● |
| Rotkohl | ● | ● | ○ | ○ | ○ | ○ | ○ | ○ | ● | ● | ● | ● |
| Salatgurken | ○ | ○ | ○ | ○ | ○ | ● | ● | ● | ● | ● | ○ | ○ |
| Spargel | ○ | ○ | ○ | ● | ● | ● | ○ | ○ | ○ | ○ | ○ | ○ |
| Spinat | ○ | ○ | ○ | ● | ● | ● | ● | ● | ● | ○ | ○ | ○ |
| Spitzkohl | ○ | ○ | ○ | ○ | ● | ● | ○ | ○ | ○ | ● | ● | ● |
| Staudensellerie | ○ | ○ | ○ | ○ | ○ | ● | ● | ● | ● | ● | ○ | ○ |
| Tomaten | ○ | ○ | ○ | ● | ● | ● | ● | ● | ● | ● | ● | ○ |
| Weißkohl | ○ | ○ | ○ | ○ | ○ | ○ | ○ | ● | ● | ● | ● | ○ |
| Wirsing | ○ | ○ | ○ | ○ | ● | ● | ○ | ○ | ● | ● | ● | ○ |
| Zucchini | ○ | ○ | ○ | ○ | ○ | ● | ● | ● | ● | ● | ● | ○ |
| Zuckerschoten | ○ | ○ | ○ | ○ | ○ | ● | ● | ● | ○ | ○ | ○ | ○ |
| Zwiebeln | ● | ● | ● | ● | ● | ● | ● | ● | ● | ● | ● | ● |

● Hauptsaison

○ Keine Saison bzw. Nebensaison

GOOD MORNING!

# FRÜHSTÜCK

*Ein gutes Frühstück gibt so richtig Power*
*für einen langen Tag voller Vorlesungen*
*und Seminare. Unter der Woche muss es vor allem*
*schnell gehen, nicht schwer im Magen liegen*
*und trotzdem lange satt machen.*
*Am Wochenende darf es schon mal üppiger*
*und aufwendiger werden,*
*wenn in der WG oder bei Kommilitonen*
*der Kater weggebruncht wird.*

# NUSS-PORRIDGE

| ***Für 1–2 Personen*** |
| --- |
| 6 EL zarte Haferflocken |
| 100 ml Milch |
| 2 EL gemahlene Haselnüsse |
| 2 EL Mandelstifte |
| 2 EL Haselnussblättchen |
| 1 TL Zucker |
| Zimtpulver |
| Salz |
| 1 Banane |
| brauner Zucker oder flüssiger Honig (nach Geschmack) |

| ***Zubereitung: ca. 20 Min.*** |
| --- |
| Bei 2 Personen pro Portion ca. 395 kcal |
| 10 g EW, 22 g F, 38 g KH |

*1.* Die Haferflocken in einem Topf mit 250 ml Wasser aufkochen und offen ca. 5 Min. bei mittlerer Hitze kochen lassen.
*2.* Milch und gemahlene Nüsse hinzufügen, erneut aufkochen und den Porridge bei schwacher Hitze noch weitere 5 Min. kochen lassen.
*3.* Inzwischen die Mandelstifte und Nussblättchen in einer Pfanne ohne Fett unter Rühren hellbraun anrösten. Anschließend den Zucker darüberstreuen und leicht karamellisieren lassen.
*4.* Den Porridge mit je 1 Prise Zimt und Salz würzen und in einen tiefen Teller füllen. Die Banane schälen, in Scheiben schneiden und auf dem Porridge anrichten. Die karamellisierten Nüsse darüberstreuen und den Porridge nach Geschmack mit Honig oder braunem Zucker süßen.

***VARIANTEN*** **Wer mag, träufelt noch 50 g Joghurt über den Porridge. Als fruchtige Ergänzung eignet sich typisches Müslizubehör, wie Rosine, Traube oder Apfel. Besonders gut passen getrocknete Beeren (z. B. Cranberrys, Himbeeren oder Blaubeeren). Die findet man an speziellen Ständen auf dem Wochenmarkt.**

FERTIG
IN CA.
5 MIN.

## GERÖSTETES **KNUSPERMÜSLI**

***Für 4 Personen***

100 g kernige Haferflocken
50 g Kürbiskerne
50 g Mandelstifte
50 g Sonnenblumenkerne
2 EL flüssiger Honig
1 EL Zucker | 1 EL Öl

***Außerdem***

Backpapier

***Zubereitung: ca. 10 Min.***

Pro Portion ca. 375 kcal
12 g EW, 23 g F, 30 g KH

*1.* Eine Pfanne erhitzen und Haferflocken, Kürbiskerne, Mandelstifte und Sonnenblumenkerne darin bei mittlerer Hitze 3 Min. unter ständigem Rühren anrösten.
*2.* Honig, Zucker und Öl dazugeben und das Müsli weiterrösten, bis die Kürbiskerne aufpoppen und das Müsli leicht gebräunt ist, dabei ständig rühren.
*3.* Das Müsli auf einem mit Backpapier ausgelegten Blech verteilen und auskühlen lassen. Anschließend in ein verschließbares Vorratsglas füllen oder sofort verwenden. Das Müsli nach Belieben mit Milch servieren oder in Joghurt rühren.

***TIPP*** **Das Müsli bleibt mindestens 2 Wochen knusprig. Dafür eignen sich alle Getreideflocken. Frucht-Fans rühren unter das abgekühlte Müsli auch getrocknete Cranberrys oder Rosinen.**

## **JOGHURT** MIT OBST UND NÜSSEN

***Für 1 Person***

2 EL Orangensaft
2 TL flüssiger Honig
½ Apfel
10 kernlose helle Weintrauben
½ Banane
200 g Sahnejoghurt
2 EL gemischte Nüsse (z. B. Haselnüsse, Walnüsse, Pecannüsse)

***Zubereitung: ca. 5 Min.***

Pro Portion ca. 565 kcal
8 g EW, 28 g F, 68 g KH

*1.* Den Orangensaft in einem Schälchen mit 1 TL Honig verrühren.
*2.* Den Apfel schälen, Kerngehäuse entfernen und das Fruchtfleisch würfeln. Die Trauben waschen, trocken tupfen und von den Stielen zupfen. Die Banane schälen und in Scheiben schneiden.
*3.* Alles mit dem Orangensaft im Schälchen mischen und kurz durchziehen lassen. Zuerst den Joghurt, dann die Nüsse daraufgeben und zum Schluss den restlichen Honig darüberträufeln.

***TIPP*** **Für noch aromatischere Knusperlust die Nüsse in einer Pfanne ohne Fett unter Rühren hellbraun anrösten.**

***EIER RICHTIG LAGERN:*** Die ersten 18 Tage (siehe Datum auf dem Aufdruck) können Eier außerhalb des Kühlschranks aufbewahrt werden. Danach unbedingt kühl stellen und schnell verbrauchen!

## *RÜHREI FÜR ZWEI*

| ***Für 2 Personen*** |
| --- |
| 100 g kleine Champignons |
| 100 g Cocktailtomaten |
| 1 kleine Zwiebel |
| 2 Frühlingszwiebeln |
| 4 Eier \| 80 ml Milch |
| 1 EL Öl |
| Salz \| Pfeffer |
| 30 g Butter |

| ***Zubereitung: ca. 20 Min.*** |
| --- |
| Pro Portion ca. 370 kcal |
| 17 g EW, 31 g F, 6 g KH |

***1.*** Die Pilze putzen, trocken abreiben und in Scheiben schneiden. Die Tomaten waschen und halbieren. Die Zwiebel schälen und fein würfeln. Die Frühlingszwiebeln putzen, waschen und in Stücke schneiden.
***2.*** Die Eier mit der Milch verquirlen. Das Öl in einer Pfanne erhitzen, die Pilze und die Zwiebelwürfel darin bei mittlerer Hitze ca. 3 Min. anbraten. Tomaten dazugeben und 1–2 Min. mitbraten. Frühlingszwiebeln dazugeben und alles noch kurz weiterbraten. Mit Salz und Pfeffer würzen.
***3.*** Die Eiermasse daraufgießen und langsam stocken lassen. Die Butter in Flöckchen auf dem Ei schmelzen lassen. Das Rührei mit einem Pfannenwender oder Holzlöffel zusammenschieben, dies so lange wiederholen, bis das gesamte Ei gestockt ist. Mit Salz und Pfeffer abschmecken und servieren.

## *KRÄUTER-SPIEGELEI*

| ***Für 1 Person*** |
| --- |
| 1 TL Öl |
| 1 Ei |
| 1 EL gemischte TK-Kräuter |
| 1 Scheibe Mischbrot |
| 1 kleine Tomate |
| 1 kleine Zwiebel |
| 1 TL Butter |
| 1 Scheibe Bergkäse (s. Info S. 8) |
| Salz |
| Pfeffer |
| edelsüßes Paprikapulver (nach Belieben) |
| ***Außerdem*** |
| Toaster |

| ***Zubereitung: ca. 10 Min.*** |
| --- |
| Pro Portion ca. 425 kcal |
| 22 g EW, 26 g F, 27 g KH |

***1.*** Öl in einer Pfanne erhitzen und das Ei hineinschlagen. Dieses sofort mit den Kräutern bestreuen, zugedeckt bei mittlerer Hitze stocken lassen. Das Brot toasten.
***2.*** Tomate waschen, den Stielansatz entfernen und die Tomate in dünne Scheiben schneiden. Zwiebel schälen und in dünne Ringe schneiden.
***3.*** Das Brot mit Butter bestreichen. Mit dem Käse und den Tomatenscheiben belegen. Das Spiegelei darauflegen, mit Salz und Pfeffer würzen und mit Zwiebelringen toppen. Das Spiegelei nach Belieben noch mit etwas Paprikapulver würzen.

# SONNTAGS-BRUNCH

Warum immer Brot oder Müsli am Morgen? Am Wochenende herrscht statt Hektik das Savoir-vivre, die Kunst zu leben, vor. Dann kann man auch mal ganz nonchalant mit süßen Crêpes oder herzhaften Galettes auf französische Art in den Tag starten. Einfach verschiedene Füllungen vorbereiten und nach und nach gemütlich mit WG, Freunden oder Kommilitonen genießen. Dazu noch einen Café au lait – dann ist der Alltag und die Uni so fern und Paris ganz nah.

## *CRÊPES*

*Für 4 Personen*

30 g Butter
100 g Mehl
200 ml Milch
2 Eier
Salz

*Außerdem*

Öl (ersatzweise Butterschmalz) zum Ausbacken

*Zubereitung: ca. 30 Min.*

Ruhezeit: mind. 30 Min.
Pro Portion ca. 280 kcal
8 g EW, 19 g F, 20 g KH

*1.* Die Butter schmelzen. Mehl, Milch und Eier mit ½ TL Salz in einer Rührschüssel gründlich verquirlen. Die flüssige Butter unter Rühren langsam dazugießen. Den Teig mindestens 30 Min. quellen lassen.
*2.* Den Teig noch einmal durchrühren. Zum Ausbacken wenig Öl in einer beschichteten Pfanne erhitzen. Ein Viertel des Teigs sehr dünn in der Pfanne verteilen und backen, bis die Unterseite gut gebräunt ist. Wenden, nach Belieben füllen (s. Tipp) und zugedeckt fertig backen. Vor dem Servieren zweimal zusammenklappen. Aus dem restlichen Teig drei weitere Crêpes auf die gleiche Art backen.

***TIPP*** **Crêpes werden bevorzugt süß gefüllt. Klassiker sind Nuss-Nugat-Creme oder verschiedene Konfitüren.**

## *GALETTES*

*Für 4 Personen*

150 g Buchweizenmehl (aus dem Bioladen)
Salz | 100 ml Milch
1 Ei | 30 g Butter

*Außerdem*

Öl (ersatzweise Butterschmalz) zum Ausbacken

*Zubereitung: ca. 25 Min.*

Ruhezeit: mind. 1 Std.
Pro Portion ca. 295 kcal
7 g EW, 17 g F, 28 g KH

*1.* In einer Schüssel das Mehl mit 1 TL Salz, der Milch, dem Ei und 200 ml Wasser glatt rühren und den Teig zugedeckt mindestens 1 Std. quellen lassen.
*2.* Die Butter zerlassen und unter den Teig rühren. Zum Ausbacken etwas Öl in einer beschichteten Pfanne erhitzen. Ein Viertel des Teigs sehr dünn in der Pfanne verteilen und backen, bis die Unterseite gut gebräunt ist. Wenden, nach Belieben füllen (s. Tipp) und zugedeckt in 3–4 Min. fertig backen. Den Teig von vier Seiten nur ein Stück nach innen klappen, sodass die Mitte sichtbar bleibt und ein Quadrat entsteht (s. Foto). Aus dem restlichen Teig drei weitere Galettes auf die gleiche Art backen.

***TIPP*** **Klassisch ist eine Füllung aus je 2 Scheiben Camembert oder Brie, 2 Scheiben Tomaten und 4–5 in Scheiben geschnittenen, gebratenen Champignons.**

## *VOLLKORNBROT*
## *MIT SCHNITTLAUCHQUARK*

***Für 2 Brote***

½ Bund Schnittlauch
80 g Magerquark
2 TL Apfelessig
Salz
Pfeffer
4 Radieschen
¼ Bio-Salatgurke
2 Scheiben Vollkornbrot
½ Beet Kresse

***Zubereitung: ca. 5 Min.***
Pro Stück ca. 155 kcal
11 g EW, 2 g F, 23 g KH

*1.* Den Schnittlauch waschen, trocken tupfen und in feine Röllchen schneiden. Mit dem Quark und dem Essig verrühren, dann den Schnittlauchquark mit Salz und Pfeffer abschmecken.
*2.* Die Radieschen waschen, putzen und in Scheiben schneiden. Die Gurke heiß waschen und in Scheiben schneiden.
*3.* Die Brote dick mit dem Schnittlauchquark bestreichen, dachziegelartig mit Gurken- und Radieschenscheiben belegen. Die Kresse vom Beet schneiden und auf die Brote streuen.

***TIPP*** **Tuning erlaubt: Die Vollkornbrote können noch mit je 1 Scheibe Emmentaler (s. Info S. 8) getoppt werden.**

## *KÄSEBRÖTCHEN PROVENÇALE*

***Für 8 Brötchen***

40 g getrocknete Tomaten (in Öl eingelegt)
40 g schwarze Oliven (ohne Stein)
80 g Gouda (s. Info S. 8)
1 Packung Fertig-Brötchenteig
(400 g; aus dem Kühlregal)
2 TL Kräuter der Provence

***Außerdem***
Backpapier

***Zubereitung: ca. 10 Min.***
Backzeit: ca. 15 Min.
Pro Stück ca. 175 kcal
8 g EW, 6 g F, 21 g KH

*1.* Den Backofen auf 180° (Umluft 160°) vorheizen. Die getrockneten Tomaten abtropfen lassen und fein würfeln. Die Oliven in feine Ringe schneiden. Den Käse entrinden und reiben.
*2.* Den Brötchenteig in 8 Portionen teilen. Diese zu Kugeln formen, etwas flach drücken, kreuzweise einritzen und auf ein mit Backpapier ausgelegtes Blech legen.
*3.* Tomaten und Oliven auf den Teigportionen verteilen. Käse und Kräuter darüberstreuen. Die Brötchen im heißen Backofen (Mitte) 10–15 Min. backen. Herausnehmen und leicht abkühlen lassen.

***HERZHAFTE BROTAUFSTRICHE FÜR KÄSEFANS:*** Wer die obligatorische Scheibe Käse leid ist, wird von diesen beiden würzigen Rezepten begeistert sein.

## *OBATZDA* MIT FRISCHKÄSE

| *Für 2 Personen* |
|---|
| 150 g reifer Camembert |
| 50 g Frischkäse |
| ½ kleine rote Zwiebel |
| ½ TL edelsüßes Paprikapulver |
| Salz \| Pfeffer |
| ***Außerdem*** |
| ein paar Halme Schnittlauch zum Bestreuen |

| *Zubereitung: ca. 10 Min.* |
|---|
| Ruhezeit: ca. 10 Min. |
| Pro Portion ca. 325 kcal |
| 2 g EW, 28 g F, 2 g KH |

*1.* Den Camembert entrinden und mit dem Frischkäse in ein Schälchen geben. Alles mit einer Gabel fein zerdrücken und gut miteinander vermengen.
*2.* Die Zwiebel schälen und sehr fein würfeln. Zwiebelwürfel mit Paprikapulver unter die Käsemasse rühren und den Obatzden ca. 10 Min. ziehen lassen.
*3.* Den Schnittlauch waschen, trocken tupfen und in feine Röllchen schneiden. Den Obatzden mit Salz und Pfeffer abschmecken, den Schnittlauch darüberstreuen. Dazu passen Brezen, Laugensemmeln oder auch Vollkornbrot.

***TIPP*** **In Bayern gehört noch zwingend Kümmel in den Obatzden: Wer also noch ½ TL gemahlenen Kümmel unterrührt, verwandelt den Aufstrich-Klassiker in einen echten Bajuwaren.**

## *MANGO-KÄSE-SALAT*

| *Für 4 Personen* |
|---|
| 1 kleine Zwiebel |
| ½ Mango (ca. 130 g ohne Stein) |
| 100 g junger Gouda (ohne Rinde; s. Info S. 8) |
| 5 EL Joghurt |
| 3 EL leichte Salatmayonnaise |
| 1 TL mittelscharfer Senf |
| 1 TL Currypulver |
| Salz \| Pfeffer |
| ca. 1 TL flüssiger Honig oder Zucker |
| ***Außerdem*** |
| 1 EL gehackte Basilikumblätter zum Bestreuen (nach Belieben) |

| *Zubereitung: ca. 10 Min.* |
|---|
| Pro Portion ca. 155 kcal |
| 8 g EW, 10 g F, 7 g KH |

*1.* Die Zwiebel schälen und fein würfeln. Die Mango schälen, das Fruchtfleisch vom Stein schneiden und mit dem Käse ebenfalls in Würfel schneiden.
*2.* Joghurt, Mayonnaise, Senf und Currypulver verrühren, dann mit Mango-, Käse- und Zwiebelwürfeln mischen. Den Salat mit Salz, Pfeffer und etwas Honig oder Zucker abschmecken und nach Belieben mit Basilikum bestreut servieren.

***TIPP*** **Der Käsesalat hält sich gekühlt etwa 2 Tage. Statt Mango schmecken auch halbierte kernlose helle Weintrauben oder Ananaswürfel im Salat.**

## BUTTERMILCHSTUTEN

***Für 1 Kastenform von 30 cm Länge (ca. 20 Scheiben)***

- 300 ml Buttermilch
- ½ Würfel Hefe (ca. 20 g)
- 450 g Mehl
- 60 g Zucker
- Salz
- 60 g Butter
- 1 Ei

***Außerdem***

- Fett und Mehl für die Form
- 4 EL Buttermilch, Sahne oder Joghurt zum Bestreichen

***Zubereitung: ca. 15 Min.***

Ruhezeit: ca. 50 Min.
Backzeit: ca. 40 Min.
Pro Scheibe ca. 125 kcal
4 g EW, 4 g F, 20 g KH

*1.* Die Buttermilch in einem Topf lauwarm erwärmen, von der Herdplatte nehmen, die Hefe hineinbröckeln, 2 EL Mehl und 1 EL Zucker dazugeben, alles glatt rühren und zugedeckt ca. 5 Min. gehen lassen.
*2.* Restliches Mehl und restlichen Zucker mit ½ TL Salz in einer Rührschüssel mischen. Die Butter bei schwacher Hitze schmelzen, mit der Hefemischung und dem Ei zur Mehlmischung geben. Alles mit den Knethaken des Handrührgeräts in ca. 5 Min. zu einem sehr weichen, aber elastischen Teig verkneten. Diesen zugedeckt 30 Min. gehen lassen.
*3.* Den Backofen auf 180° vorheizen. Die Form einfetten und mit Mehl bestäuben. Den Teig in die Form füllen und nochmals zugedeckt 15 Min. gehen lassen.
*4.* Teig dreimal diagonal einritzen, mit Buttermilch, Sahne oder Joghurt bestreichen und im heißen Ofen (Mitte, Umluft 160°) in ca. 40 Min. goldbraun backen. Aus der Form lösen, auf einem Rost abkühlen lassen.

## KALT GERÜHRTE HIMBEER-KONFITÜRE MIT SCHOKI

***Für 2 ganz saubere Twist-off-Gläser (à 250 ml)***

- 50 g Zartbitterschokolade
- 300 g Himbeeren
- 200 g Gelierzauber (ohne Kochen)

***Außerdem***

- Pürierstab

***Zubereitung: ca. 10 Min.***

Pro Glas ca. 565 kcal
3 g EW, 8 g F, 117 g KH

*1.* Schokolade kurz ins Gefrierfach legen. Himbeeren verlesen, mit dem Pürierstab pürieren und durch ein Sieb streichen.
*2.* Die Schokolade fein hacken. Das Himbeerpüree mit dem Gelierzauber mischen und nochmals ca. 1 Min. pürieren. Die Schokolade unterheben. Die Konfitüre in die Gläser füllen und gut verschließen. Im Kühlschrank ist sie 2 Wochen haltbar.

*FRISCH GEBACKENES WEISSBROT UND SELBST GEMACHTE KONFITÜRE – EINFACH MMMH!*

## APRIKOSEN-WEIN-KONFITÜRE

***Für 2 ganz saubere Twist-off-Gläser (à 250 ml)***

400 g Aprikosen
50 ml trockener Weißwein oder Orangensaft
200 g Gelierzucker 2 : 1
½ TL Zimtpulver

***Zubereitung: ca. 20 Min.***

Pro Glas ca. 460 kcal
2 g EW, 0 g F, 109 g KH

*1.* Aprikosen mit kochendem Wasser übergießen, 1 Min. ziehen lassen. Das Wasser abgießen, die Aprikosen kalt abschrecken und häuten. Anschließend halbieren, entsteinen und fein würfeln.

*2.* Aprikosenwürfel in einem Topf mit Wein oder Saft, Gelierzucker und Zimt verrühren. Die Masse aufkochen und 3–4 Min. sprudelnd kochen lassen. Konfitüre sofort in die Gläser füllen, diese gut verschließen und 5 Min. auf den Deckel stellen. Wieder umdrehen und auskühlen lassen.

# WALNUSSBROT

*Für 1 Kastenform von 30 cm Länge (ca. 24 Scheiben)*

- 100 g Walnusskerne
- 1 Möhre
- 600 g Weizenvollkornmehl
- 1 EL Zucker
- 1 Pck. Trockenhefe
- Salz
- 50 g Sonnenblumenkerne
- 70 g Joghurt

*Außerdem*

- Öl und Semmelbrösel für die Form
- 1–2 EL Mohnsamen zum Bestreuen

*Zubereitung: ca. 15 Min.*

Ruhezeit: ca. 1 Std.
Backzeit: ca. 1 Std.
Pro Scheibe ca. 130 kcal
5 g EW, 5 g F, 17 g KH

*1.* Die Walnüsse grob hacken. Die Möhre putzen, schälen und mit der Gemüsereibe raspeln. 550 g Mehl, Zucker, Hefe und 2 TL Salz mischen. Walnüsse, Sonnenblumenkerne und die Möhre untermengen. 50 g Joghurt und 250 ml lauwarmes Wasser dazugeben und alles zu einem klebrigen Vorteig verkneten. Dann noch so viel Mehl dazugeben, bis ein geschmeidiger Teig entsteht. Diesen an einem warmen Ort zugedeckt ca. 45 Min. gehen lassen.

*2.* Die Form ölen und mit Semmelbröseln ausstreuen. Den Teig einfüllen und diesen nochmals zugedeckt 15 Min. gehen lassen. Inzwischen den Backofen auf 200° vorheizen. Anschließend den Teig längs einritzen, mit dem restlichen Joghurt bestreichen und mit Mohnsamen bestreuen.

*3.* Das Brot im heißen Backofen (Mitte, Umluft 180°) 50–60 Min. backen, bis es eine schön gebräunte Kruste bekommen hat. Das fertige Brot aus der Form lösen und auf einem Kuchenrost abkühlen lassen.

***TIPP*** **Die Brotkruste wird noch schöner, wenn während des Backens 1 Tasse Wasser mit in den Ofen gestellt wird.**

***VARIANTE*** **Wer Walnüsse nicht so gerne mag, kann stattdessen 100 g Körnermischung verwenden. Dafür eignen sich z. B. Leinsamen, Sesamsamen, Kürbiskerne und Buchweizenkörner.**

MAL ZWEI

1

2
3
4

**Das passende Getränk ist für viele genauso wichtig wie der Rest des Frühstücks. Die heißen Getränke setzen dabei dem ausgedehnten Wochenendfrühstück das i-Tüpfelchen auf, während die schnellen Shakes einen auch im stressigen Alltag nicht auf dem Trockenen sitzen lassen.**

## *BICERIN (1)*

***Für 2 große Gläser (à 350 ml)***

125 g kalte Sahne
60 g Zartbitterschokolade
200 ml Milch
2 TL Zucker
2 frisch gebrühte Espressi

***Zubereitung: ca. 10 Min.***

Pro Portion ca. 420 kcal
6 g EW, 32 g F, 26 g KH

*1.* Die Sahne mit den Quirlen des Handrührgeräts steif schlagen. Die Schokolade grob hacken und mit der Milch und dem Zucker in einem Topf erhitzen, dabei rühren, bis sich die Schokolade aufgelöst hat. Weiter köcheln lassen, bis die Schokomilch leicht schaumig wird.

*2.* Die Schokomilch in die Gläser füllen. Dann die Espressi über einen Löffelrücken vorsichtig dazugießen, damit sich die Flüssigkeiten nicht ganz vermischen und noch als einzelne Schichten zu erkennen sind. Zuletzt die Sahne daraufsetzen und die Getränke sofort servieren.

***INFO*** **Mit 1 Kugel Vanilleeis schmeckt Bicerin auch im Sommer hervorragend als Kaltgetränk. Ganz wichtig: Das Getränk nicht umrühren!**

## *GEWÜRZ-CHAI (2)*

***Für 2 große Tassen (à 300 ml)***

1 walnussgroßes Stück frischer Ingwer
5 Kardamomkapseln
1 Zimtstange | 2 Gewürznelken
200 ml Milch | 1 EL Zucker
1 EL schwarze Teeblätter
Zucker oder flüssiger Honig (nach Geschmack)

***Zubereitung: ca. 10 Min.***

Kochzeit: ca. 10 Min.
Pro Portion ca. 95 kcal
3 g EW, 4 g F, 13 g KH

*1.* Den Ingwer schälen und in Scheiben schneiden. Die Kardamomkapseln anquetschen, die Zimtstange grob zerbröckeln. 400 ml Wasser mit Ingwerscheiben und den Gewürzen in einen Topf geben, aufkochen und zugedeckt bei schwacher Hitze ca. 10 Min. köcheln lassen.

*2.* Milch und Zucker hinzufügen und alles noch einmal aufkochen. Die Teeblätter hinzufügen, den Topf von der Herdplatte nehmen und die Mischung 2–3 Min. zugedeckt ziehen lassen. Den Chai durch ein Sieb in die Tassen gießen und servieren. Nach Geschmack nachsüßen.

**TIPP** **Wer es noch kräftiger mag, gibt 2 schwarze Pfefferkörner zur Gewürzmischung. Auch 1 Zacken Sternanis ist eine passende Ergänzung.**

## *ERDBEER-KOKOS-LASSI (3)*

| *Für 2 Gläser (à 250 ml)* |
|---|
| 2–3 Blätter frische Minze |
| 200 g Erdbeeren \| 100 g Joghurt |
| 150 ml Kokosmilch |
| 1 Spritzer Zitronensaft |
| 1 EL flüssiger Honig |
| ***Außerdem*** |
| Pürierstab |

| *Zubereitung: ca. 5 Min.* |
|---|
| Pro Portion ca. 225 kcal |
| 4 g EW, 15 g F, 18 g KH |

*1.* Die Minze waschen und trocken tupfen. Die Erdbeeren waschen, die Stielansätze entfernen und die Früchte halbieren.
*2.* Erdbeeren und Minze mit Joghurt, Kokosmilch, Zitronensaft und Honig in einen hohen Becher füllen und mit dem Pürierstab kräftig pürieren.

**TIPP** **Der Lassi schmeckt auch mit Himbeeren. Da diese jedoch viele Kerne enthalten, sollten die Himbeeren zuvor separat püriert und durch ein Sieb gestrichen werden. Das macht die Zubereitung natürlich etwas aufwendiger, aber es lohnt sich. Den Lassi eventuell etwas nachsüßen.**

## *PFIRSICH-KEFIR (4)*

| *Für 1 Glas (250 ml)* |
|---|
| 1 reifer Pfirsich |
| 1–2 TL flüssiger Honig |
| 150 ml Kefir |
| 1 Spritzer Zitronensaft |
| ***Außerdem*** |
| Pürierstab |

| *Zubereitung: ca. 5 Min.* |
|---|
| Pro Portion ca. 190 kcal |
| 6 g EW, 5 g F, 28 g KH |

*1.* Den Pfirsich waschen, halbieren, entsteinen und würfeln. Mit Honig, Kefir und Zitronensaft in einen hohen Becher füllen. Mit dem Pürierstab alles kräftig pürieren, bis im Shake keine Pfirsichhaut mehr zu sehen ist. Den Pfirsich-Kefir in ein hohes Glas gießen und servieren.

**TIPP** **Noch einfacher geht's, wenn man Pfirsichsaft aus dem Handel mit dem Kefir verrührt. Dafür eignen sich auch alle anderen süßen Fruchtsäfte und Smoothies. Wer Kefir nicht so gerne mag, verwendet Buttermilch oder Joghurt.**

9.30h

# OHNE BESTECK – AUCH ZUM MITNEHMEN

*Von der Hand in den Mund:*
*Wer viel unterwegs ist, hat natürlich*
*nicht immer Teller und Besteck zur Hand.*
*Dann braucht es praktisches Fingerfood,*
*wie Sandwiches, Wraps oder Muffins.*
*Sie alle sind schnell zubereitet und eignen*
*sich perfekt für die kleine Pause*
*zwischendurch oder als Mitbringsel*
*für gute Freunde.*

FERTIG
IN CA.
10 MIN.

## *EIERSANDWICH*
## MIT REMOULADE

***Für 2 Personen***

1 Gewürzgurke

2 gehäufte EL leichte Salatmayonnaise

1 TL mittelscharfer Senf

2 TL gemischte TK-Kräuter

Pfeffer

2 hart gekochte Eier

1 Tomate

4 Scheiben Mehrkorn-Toastbrot

½ Beet Kresse

***Außerdem***

Frischhaltefolie

***Zubereitung: ca. 10 Min.***

Pro Portion ca. 260 kcal

12 g EW, 14 g F, 21 g KH

***1.*** Für die Remoulade die Gewürzgurke sehr fein würfeln. Mayonnaise, Senf, Gurkenwürfel und Kräuter verrühren und mit Pfeffer abschmecken.

***2.*** Eier pellen und in Scheiben schneiden. Tomate waschen, den Stielansatz entfernen und die Tomate ebenfalls in Scheiben schneiden.

***3.*** Die Toastscheiben mit Remoulade bestreichen. 2 Scheiben mit Tomate und Ei belegen. Kresse mit einer Schere vom Beet schneiden und darüberstreuen. Die beiden übrigen Toastscheiben auflegen. Sandwiches diagonal halbieren und für den Transport in Frischhaltefolie einwickeln.

## *ZUCCHINI-BAGUETTE*
## MIT ZIEGENFRISCHKÄSE

***Für 2 Personen***

1 kleiner Zucchino (ca. 150 g) | 1 EL Öl

1 EL Aceto balsamico bianco
(ersatzweise Apfelessig)

Salz | Pfeffer

1 Handvoll Rucola

50 g getrocknete Tomaten (in Öl eingelegt)

2 Baguettebrötchen

100 g Ziegenfrischkäse

***Außerdem***

Frischhaltefolie

***Zubereitung: ca. 15 Min.***

Pro Portion ca. 445 kcal

14 g EW, 29 g F, 31 g KH

***1.*** Zucchino waschen, abtrocknen, putzen und schräg in etwa ½ cm dicke Scheiben schneiden. Das Öl in einer Pfanne erhitzen und die Zucchinoscheiben darin von beiden Seiten je 2 Min. braten, bis sie leicht gebräunt sind. Dann mit Essig ablöschen und mit Salz und Pfeffer würzen.

***2.*** Den Rucola waschen, trocken schütteln, grobe Stiele entfernen und die Blätter nach Belieben kleiner zupfen. Die getrockneten Tomaten abtropfen lassen.

***3.*** Brötchen halbieren und mit Frischkäse bestreichen. Die unteren Hälften mit Rucola, Zucchinoscheiben und Tomaten belegen, die oberen Hälften darauflegen. Baguettes in Frischhaltefolie wickeln.

***FÜR SANDWICH-GOURMETS:*** Diese geklappten Brote liegen lifestyle-mäßig ganz vorne und stillen den kleinen Tramezzini- oder großen Fladenbrot-Hunger zwischendurch.

## ***TRAMEZZINI*** *MIT MANGO UND MOZZARELLA*

***Für 4 Tramezzini (reicht für 2 Personen)***

1 Frühlingszwiebel

½ rote Paprikaschote

½ Mango (ca. 130 g ohne Stein)

1 TL Apfelessig | 1 TL Öl

edelsüßes Paprikapulver | Salz | Pfeffer

1 Kugel Mozzarella (125 g)

4 Scheiben Weizen-Toastbrot

2 TL Butter

***Außerdem***

Frischhaltefolie

***Zubereitung: ca. 15 Min.***

Pro Portion ca. 360 kcal

16 g EW, 21 g F, 27 g KH

***1.*** Die Frühlingszwiebel putzen, waschen und in feine Ringe schneiden. Die Paprikaschote putzen, waschen und in feine Streifen schneiden. Die Mango schälen, das Fruchtfleisch erst vom Stein, dann in dünne Scheiben schneiden.

***2.*** Mango, Paprika, Frühlingszwiebel, Essig und Öl mischen und alles mit 1 Prise Paprikapulver, Salz und Pfeffer würzen.

***3.*** Mozzarella abtropfen lassen und in dünne Scheiben schneiden. Toastbrot mit Butter bestreichen und flächendeckend mit Mozzarella belegen. Auf 2 Scheiben die Mango-Paprika-Mischung verteilen. Jeweils die zweite Scheibe darauflegen und gut andrücken. Die Brote diagonal halbieren und in Frischhaltefolie wickeln.

## ***FLADENBROTECKEN*** *MIT SCHNITTLAUCH*

***Für 2 Personen***

2 Tomaten | 2 EL Apfelessig

Salz | Pfeffer

¼ Bio-Salatgurke | 1 Bund Schnittlauch

2 Scheiben junger Gouda (s. Info S. 8)

½ türkisches Fladenbrot oder Pizzafladenbrot

180 g Frischkäse mit Joghurt

***Außerdem***

Frischhaltefolie

***Zubereitung: ca. 10 Min.***

Pro Portion ca. 570 kcal

28 g EW, 20 g F, 71 g KH

***1.*** Die Tomaten waschen, Stielansätze entfernen und die Tomaten in Scheiben schneiden. Diese mit Essig beträufeln, salzen und pfeffern. Die Gurke heiß waschen, abtrocknen und in Scheiben schneiden. Schnittlauch waschen, trocken tupfen und in Röllchen schneiden. Käse entrinden.

***2.*** Das Fladenbrot quer halbieren und jeweils aufschneiden. Alle 4 Scheiben dick mit Frischkäse (ca. 30 g pro Scheibe) bestreichen. 2 Scheiben mit Tomaten, Käse und Gurke belegen, restliche Brotscheiben darauflegen und gut andrücken. Die Schnittkanten der Brote mit restlichem Frischkäse bestreichen und im Schnittlauch wenden. Brote für den Transport in Frischhaltefolie wickeln.

# BLÄTTERTEIGTASCHEN
## MIT SPINAT

***Für 8 Stück***

1 Zwiebel
1 Knoblauchzehe
100 g Blauschimmelkäse
1 EL Butter
125 g TK-Blattspinat
Salz
Pfeffer
1 Spritzer Zitronensaft
4 aufgetaute TK-Blätterteigplatten (ca. 180 g)
1 Ei
2 EL Milch

***Außerdem***

Mehl für die Arbeitsfläche
Nudelholz
Backpapier

***Zubereitung: ca. 25 Min.***

Backzeit: ca. 20 Min.
Pro Stück ca. 170 kcal
6 g EW, 12 g F, 10 g KH

*1.* Die Zwiebel und den Knoblauch schälen und fein würfeln. Den Blauschimmelkäse in 8 Stücke schneiden.
*2.* Butter in einem Topf erhitzen und die Zwiebelwürfel darin andünsten. Den Knoblauch kurz mitdünsten. Den Spinat dazugeben und im Topf auftauen lassen.
*3.* Weiterdünsten, bis die Flüssigkeit eingekocht ist. Den Spinat mit Salz, Pfeffer und Zitronensaft abschmecken.
*4.* Den Backofen auf 200° (Umluft 180°) vorheizen. Die Blätterteigplatten auf der bemehlten Arbeitsfläche mit dem Nudelholz etwas größer ausrollen und quer halbieren. Das Ei und die Milch verquirlen.
*5.* Die Teigstücke mit einem Messer ganz leicht diagonal einritzen und mit der Eiermasse bestreichen. Jeweils ein Achtel des Spinats und 1 Käsestück auf eine Dreieckhälfte geben und den Teig darüberklappen. Die Teigkanten aufeinanderlegen und mit einer Gabel fest verschließen.
*6.* Die Blätterteigtaschen auf ein mit Backpapier ausgelegtes Blech legen, mit der restlichen Eiermasse bestreichen und im heißen Backofen (Mitte) in ca. 20 Min. goldbraun backen.

# PARTYZEIT

Wenn sich Freunde und damit eine lange feucht-fröhliche Nacht ankündigen, sind schnelle unkomplizierte Snacks und Dips gefragt. Sie stillen zwischendurch den Hunger und helfen, einem Kater vorzubeugen. Wer dazu noch etwas frisch aufgebackenes Baguette oder Fladenbrot und vielleicht eine Suppe serviert, bekommt die Meute spielend satt und darf sich in Zukunft garantiert öfter über hungrigen Besuch freuen.

## *GEMISCHTE KÄSESPIESSE*

| |
|---|
| ***Für 8 Personen*** |
| 8 Physalis |
| 8 rote Weintrauben |
| 8 Cocktailtomaten |
| 8 getrocknete Tomaten (in Öl eingelegt) |
| 8 Blätter Basilikum |
| 8 Mini-Mozzarella-Kugeln |
| 150 g Gouda (am Stück; s. Info S. 8) |
| 150 g fester Ziegenkäse (am Stück) |
| 8 schwarze Oliven (ohne Stein) |
| ***Außerdem*** |
| 40 kleine Holz- oder Plastikspieße |

| |
|---|
| ***Zubereitung: ca. 20 Min.*** |
| Pro Portion ca. 190 kcal |
| 11 g EW, 15 g F, 1 g KH |

*1.* Die Physalis von ihren Hüllen befreien und waschen. Weintrauben und Cocktailtomaten ebenfalls waschen. Alles mit Küchenpapier trocken tupfen. Eingelegte Tomaten abtropfen lassen. Das Basilikum waschen und trocken tupfen.
*2.* Mozzarella abtropfen lassen. Die übrigen Käsesorten entrinden und in je 16 gleich große Würfel schneiden. Je 1 Basilikumblatt und 1 Cocktailtomate mit dem Mozzarella auf Holz- oder bunte Plastikspieße stecken. Je 1 Physalis oder Weintraube mit dem Gouda aufspießen. Je 1 Olive oder getrocknete Tomate mit dem Ziegenkäse aufspießen. Die Spießchen auf einer Platte anrichten.

***TIPP*** **Ein Klassiker auf jedem Fingerfood-Büfett ist der Käseigel. Dafür eine Grapefruit an der Unterseite glatt schneiden und in Alufolie einwickeln. Die Spieße in engem Abstand in die Grapefruit stecken.**

## *CURRYMANDELN*

| |
|---|
| ***Für 6–8 Personen*** |
| 200 g Mandeln |
| 1 EL Butter |
| 90 g Zucker |
| 1 EL Sojasauce |
| Salz \| 3 TL Currypulver |
| ***Außerdem*** |
| Backpapier |

| |
|---|
| ***Zubereitung: ca. 10 Min.*** |
| Abkühlzeit: ca. 30 Min. |
| Bei 8 Personen pro Portion ca. 200 kcal |
| 5 g EW, 15 g F, 13 g KH |

*1.* Die Mandeln mit der Butter in einer Pfanne unter Rühren bei mittlerer Hitze anrösten. 50 g Zucker, die Sojasauce sowie 1 Prise Salz hinzufügen und karamellisieren lassen, dabei ständig rühren.
*2.* Ein Blech mit Backpapier auslegen. Die Mandeln mit 1 TL Currypulver mischen, die Mandeln auf dem Blech ausbreiten und etwas abkühlen lassen.
*3.* Restlichen Zucker, restliches Currypulver und 1 Prise Salz mischen. Auf den Mandeln verteilen. Gut durchmischen und vollkommen abkühlen lassen.

## *GUACAMOLE*

***Für 8 Personen***

1 rote Zwiebel
2 Knoblauchzehen
2 Limetten
2 reife Avocados
Salz
Pfeffer

***Zubereitung: ca. 10 Min.***

Pro Portion ca. 130 kcal
1 g EW, 13 g F, 1 g KH

*1.* Zwiebel und Knoblauch schälen und fein würfeln. Die Limetten auspressen. Die Avocados halbieren, die Steine entfernen. Das Fruchtfleisch mit einem Löffel aus den Schalen lösen, in einer Schüssel sofort mit 4 EL Limettensaft beträufeln und mit einer Gabel zerdrücken.
*2.* Das Avocadopüree mit der Zwiebel und dem Knoblauch verrühren und mit Salz, Pfeffer und Limettensaft abschmecken. Nachos, Tortillas oder Fladenbrot zum Dippen dazu servieren.

***TIPP*** **Dieses Grundrezept lässt sich nach Belieben vielfach variieren. Wer es scharf mag, rührt 1–2 entkernte und fein gehackte rote Chilischoten oder etwas Cayennepfeffer unter. Auch 2 klein gewürfelte entkernte Tomaten passen sehr gut zur Guacamole. Für exotische Aromen 2–3 EL gehacktes Koriandergrün und ½ TL gemahlenen Kreuzkümmel unterrühren.**

## *HUMMUS*

***Für 8 Personen***

500 g Kichererbsen (aus der Dose)
4 Knoblauchzehen
2 Zitronen
120 g Tahin (Sesammus)
8 EL Olivenöl
Salz
Pfeffer
edelsüßes Paprikapulver

***Außerdem***

Pürierstab

***Zubereitung: ca. 10 Min.***

Pro Portion ca. 380 kcal
15 g EW, 23 g F, 28 g KH

*1.* Kichererbsen in ein Sieb geben, abspülen und abtropfen lassen. Knoblauch schälen und fein würfeln. Zitronen auspressen.
*2.* Kichererbsen, Tahin, Knoblauch, Zitronensaft und 6 EL Olivenöl in einer hohen Schüssel mit dem Pürierstab fein pürieren und so viel Wasser hinzufügen, bis eine cremige Masse entsteht. Diese mit Salz, Pfeffer und Paprikapulver würzen.
*3.* Hummus in einer Schüssel anrichten und mit dem restlichen Olivenöl sowie etwas Paprikapulver garnieren. Dazu passt türkisches Fladenbrot zum Dippen.

***TIPP*** **Wer's original orientalisch mag, würzt den Hummus mit gemahlenem Kreuzkümmel. Dieser ist nicht jedermanns Sache. Daher vorsichtig dosieren.**

FERTIG IN CA. 10 MIN.

*PERFEKT ZUM DIPPEN UND ALS BROTAUFSTRICH: GUACAMOLE, HUMMUS UND TOMATENBUTTER*

## *TOMATENBUTTER*

***Für 8 Personen***

- 5 getrocknete Tomaten (in Öl eingelegt)
- 2 Stängel Basilikum
- 250 g weiche Butter
- 50 g Tomatenmark
- 2 Knoblauchzehen
- Salz
- Pfeffer

***Zubereitung: ca. 10 Min.***

Pro Portion ca. 270 kcal

1 g EW, 29 g F, 1 g KH

*1.* Die eingelegten Tomaten abtropfen lassen und fein würfeln. Das Basilikum waschen, trocken tupfen, die Blätter abzupfen und in feine Streifen schneiden.

*2.* Butter und Tomatenmark miteinander verrühren. Den Knoblauch schälen und dazupressen. Getrocknete Tomaten und Basilikum unterrühren. Die Butter mit Salz und Pfeffer abschmecken. Brotchips oder Fladenbrot zum Dippen oder Bestreichen zur Tomatenbutter reichen.

# BOHNEN-WRAPS

| ***Für 4 Stück*** |
| --- |
| 1 kleine Dose Kidneybohnen (250 g Abtropfgewicht) |
| 2 EL süße Chilisauce |
| 1 Knoblauchzehe (nach Belieben) |
| Salz \| Pfeffer |
| 1 Rezept Schnittlauchdip (s. S. 105) |
| ½ gelbe Paprikaschote |
| 1 Tomate \| 2 Frühlingszwiebeln |
| 2 Chicorée oder Romana-Salatherzen |
| 4 weiche Weizentortillas (Fertigprodukt) |
| ***Außerdem*** |
| Butterbrotpapier |

| ***Zubereitung: ca. 30 Min.*** |
| --- |
| Pro Stück ca. 305 kcal |
| 9 g EW, 16 g F, 31 g KH |

*1.* Die Bohnen in ein Sieb abgießen, abspülen und abtropfen lassen. In einem Schälchen mit der Chilisauce verrühren. Nach Belieben den Knoblauch schälen und dazupressen, mit Salz und Pfeffer abschmecken. Schnittlauchdip zubereiten.
*2.* Paprika putzen, waschen und in feine Streifen schneiden. Tomate waschen, den Stielansatz entfernen und die Tomate in Scheiben schneiden. Frühlingszwiebeln putzen, waschen und in feine Ringe schneiden. Chicorée oder Salatherzen zerpflücken, waschen, trocken schleudern und in feine Streifen schneiden.
*3.* Die Tortillas nacheinander in einer Pfanne ohne Fett erwärmen, sodass sie elastisch werden. Die Tortillas jeweils mittig mit einem Streifen Schnittlauchdip bestreichen. Paprikastreifen, Tomatenscheiben und Frühlingszwiebeln darauf verteilen. Bohnen daraufgeben und mit Chicorée- bzw. Romanastreifen abschließen.
*4.* Die Tortillas über den schmalen Seiten der Füllung etwas einklappen, dann eine Längsseite über die Füllung klappen und anschließend bis zum anderen Rand weiterrollen. Die Wraps für den Transport in Butterbrotpapier wickeln und die Enden fest zusammendrehen.

***TIPP*** **Abwechslung gefällig? Dann die Bohnen und den Schnittlauchdip durch gebratenen Räuchertofu und Erdnuss-Sauce (aus dem Asialaden) ersetzen.**

# *ANTIPASTI-WÄHE*

***Für 1 Springform von 28 cm Ø***
***(reicht für 2–3 Personen)***

1 Packung Pizzateig
(400 g; aus dem Kühlregal)

100 g Sahne

2 Eier

100 g geriebener Emmentaler (s. Info S. 8)

Salz

Pfeffer

150 g eingelegte Paprikaschoten
(aus dem Glas)

100 g eingelegte Pilze (aus dem Glas)

150 g eingelegte Artischockenherzen
(aus dem Glas)

50 g eingelegte Peperoni (aus dem Glas)

***Außerdem***

Mehl für die Arbeitsfläche

Nudelholz

Öl für die Form

Frischhaltefolie (nach Bedarf)

***Zubereitung: ca. 15 Min.***

Backzeit: ca. 25 Min.

Bei 3 Personen pro Portion ca. 715 kcal

28 g EW, 38 g F, 65 g KH

*1.* Den Backofen auf 220° (Umluft 200°) vorheizen. Den Teig auf der bemehlten Arbeitsfläche zu einem Kreis von ca. 35 cm Ø ausrollen. Die Form fetten und mit dem Teig auslegen, dabei einen 2 cm hohen Rand formen.

*2.* Sahne, Eier und Käse verquirlen. Mit Salz und Pfeffer würzen. Paprika, Pilze, Artischocken und Peperoni abtropfen lassen. Die Pilze bei Bedarf halbieren oder vierteln, die Paprika in mundgerechte Stücke, Peperoni in Ringe schneiden.

*3.* Paprika, Pilze, Artischocken und Peperoniringe auf dem Teig verteilen. Den Guss darübergießen. Die Wähe im heißen Backofen (Mitte) 20–25 Min. backen. Dabei die Temperatur nach 5 Min. auf 200° (Umluft 180°) herunterschalten. Die Wähe noch warm genießen oder abkühlen lassen, in Stücke schneiden und für den Transport in Frischhaltefolie wickeln.

***TIPP* Die Wähe ist die Schweizer Version von Quiche oder Tarte. Sie wird aber im Gegensatz zu den französischen Verwandten in der Regel mit Hefeteig gebacken.**

OPINEL
INOX

## *SPAGHETTI-MUFFINS*

***Für 12 Stück***

250 g Spaghetti | Salz
1 gelbe Paprikaschote
1 Tomate
2 EL Basilikumpesto (aus dem Glas)
2 EL eingelegte Kapern
4 Eier
100 ml Milch | Pfeffer
100 g mittelalter Gouda (s. Info S. 8)
2 TL getrockneter Thymian

***Außerdem***

Muffinform mit 12 Mulden à 7,5 cm Ø
12 Papierbackförmchen à 7,5 cm Ø

***Zubereitung: ca. 25 Min.***

Backzeit: ca. 25 Min.
Pro Stück ca. 145 kcal
8 g EW, 5 g F, 17 g KH

*1.* Spaghetti in reichlich kochendem Salzwasser nach Packungsangabe bissfest garen. Abgießen, kalt abschrecken, abtropfen lassen. Paprika halbieren, putzen, waschen und würfeln. Tomate waschen, ohne Stielansatz würfeln. Gemüse, Pesto, Kapern und Spaghetti mischen.

*2.* Backofen auf 180° vorheizen. Papierförmchen in die Form setzen. Nudel-Mischung einfüllen. Eier und Milch verrühren, salzen und pfeffern. Den Käse reiben. Je 3–4 EL Eiermilch auf jeden Muffin geben. Käse darauf verteilen und mit Thymian bestreuen. Muffins im heißen Ofen (Mitte, Umluft 160°) ca. 25 Min. backen.

## *BLÄTTERTEIG-PIDE MIT LAUCH*

***Für 4 Stück***

1 Stange Lauch | 1 TL Öl
50 ml Gemüsebrühe
100 g Cocktailtomaten
100 g Feta | 1 Ei
1 TL edelsüßes Paprikapulver | Pfeffer
1 Packung frischer Blätterteig
(ca. 270 g; aus dem Kühlregal)
8 eingelegte milde Peperoni (aus dem Glas)

***Außerdem***

Backpapier

***Zubereitung: ca. 15 Min.***

Backzeit: ca. 15 Min.
Pro Portion ca. 360 kcal
11 g EW, 24 g F, 25 g KH

*1.* Lauch putzen, waschen, in Ringe schneiden. Öl in einer Pfanne erhitzen, Lauch darin anbraten. Brühe dazugießen und einkochen, dann den Lauch kurz abkühlen lassen. Tomaten waschen, halbieren.

*2.* Backofen auf 220° (Umluft 200°) vorheizen. Feta zerbröckeln, mit dem Ei unter den Lauch mischen. Masse mit Paprikapulver und Pfeffer würzen. Blätterteig quer in 4 gleiche Streifen schneiden, diese auf ein mit Backpapier ausgelegtes Blech legen. Lauchmischung auf den Teigstreifen verteilen, dabei einen Rand frei lassen. Tomaten und Peperoni darauflegen. Schmale Teigseiten zu einer Spitze zusammenklappen, Längsseiten ca. 1 cm einklappen. Pide im heißen Ofen (Mitte) 12–15 Min. backen.

***MIT BLÄTTERTEIG*** gelingt die Pide blitzschnell und steht dem türkischen Original in nichts nach. Die Muffins nie direkt im Blech backen – sonst bleiben sie in den Mulden kleben.

## WALNUSS-BROWNIES

| *Für 24 Stück* |
| --- |
| 400 g Blockschokolade \| 125 g Butter |
| 200 g Mehl |
| 1 Pck. Backpulver |
| 250 g Zucker |
| 1 Pck. Vanillezucker |
| 4 Eier \| Salz |
| 250 g Walnusskerne |
| ***Außerdem*** |
| Auflaufform (ca. 20 × 30 cm) |
| Fett und Mehl für die Form |

| *Zubereitung: ca. 10 Min.* |
| --- |
| Backzeit: ca. 50 Min. |
| Pro Stück ca. 280 kcal |
| 4 g EW, 17 g F, 26 g KH |

*1.* Den Backofen auf 180° vorheizen. Form fetten und mit Mehl bestäuben. Schokolade grob hacken und bei schwacher Hitze unter Rühren in einem großen Topf mit der Butter schmelzen. Mehl und Backpulver mischen. Zucker, Vanillezucker, Eier und 1 Prise Salz unter die Schokomasse rühren. Die Mehlmischung unterheben.
*2.* Die Teigmasse in die Form füllen. Die Walnüsse auf dem Teig verteilen und etwas hineindrücken. Die Brownies im heißen Backofen (Mitte, Umluft 160°) ca. 50 Min. backen, gegen Ende der Backzeit eventuell mit Alufolie abdecken. Fertigen Kuchen herausnehmen, etwas abkühlen lassen, in ca. 5 × 5 cm große Stücke schneiden und diese aus der Form lösen.

## MÖHREN-KOKOS-MUFFINS

| *Für 12 Stück* |
| --- |
| 200 g Möhren \| 1 säuerlicher Apfel |
| 230 g Mehl \| 2 TL Backpulver |
| 100 g Kokosflocken \| 150 g weiche Butter |
| 100 g Zucker \| 1 Pck. Vanillezucker |
| 3 Eier \| Salz \| 100 g Puderzucker |
| 1–2 EL Zitronensaft |
| ***Außerdem*** |
| Muffinform mit 12 Mulden à 7,5 cm Ø |
| 12 Papierbackförmchen à 7,5 cm Ø |
| bunte Zuckerperlen zum Verzieren |

| *Zubereitung: ca. 25 Min.* |
| --- |
| Backzeit: ca. 25 Min. |
| Pro Stück ca. 290 kcal |
| 4 g EW, 13 g F, 39 g KH |

*1.* Backofen auf 180° vorheizen. Förmchen in die Form setzen. Möhren und Apfel putzen, schälen und fein raspeln. Mehl, Backpulver und Kokosflocken mischen. Butter, Zucker und Vanillezucker mit den Quirlen des Handrührgeräts schaumig rühren. Die Eier und 1 Prise Salz unterrühren. Mehlmischung und Möhren-Apfel-Raspel abwechselnd portionsweise unterrühren. Teig in die Förmchen füllen und im Ofen (Mitte, Umluft 160°) ca. 25 Min. backen.
*2.* Muffins aus der Form lösen, auf einem Rost abkühlen lassen. Puderzucker und Zitronensaft zu einem zähflüssigen Guss verrühren. Diesen über die Muffins träufeln, mit bunten Zuckerperlen bestreuen und trocknen lassen.

# BUTTERKUCHEN

| *Für 1 Blech (ca. 12–15 Stücke)* |
| --- |
| *Für den Teig* |
| 500 g Mehl |
| 70 g Zucker |
| 100 ml lauwarme Milch |
| 1 Würfel frische Hefe (42 g) |
| 60 g Butter |
| Salz |
| 200 g Buttermilch |
| 1 Ei |
| *Für den Belag* |
| 125 g Butter |
| 200 g Mandelblättchen |
| 50 g Zucker |
| 50 g Puderzucker |
| 200 g Sahne |
| *Außerdem* |
| Mehl für die Hände |
| Nudelholz |
| Backpapier |

| *Zubereitung: ca. 20 Min.* |
| --- |
| Ruhezeit: ca. 45 Min. |
| Backzeit: ca. 30 Min. |
| Bei 15 Stücken pro Stück ca. 385 kcal |
| 8 g EW, 23 g F, 37 g KH |

*1.* Je 1 EL von Mehl und Zucker abnehmen und mit der Milch und der zerbröckelten Hefe glatt rühren. Den Vorteig zugedeckt ca. 5 Min. gehen lassen.

*2.* Die Butter in einem Topf schmelzen. Restliches Mehl und restlichen Zucker mit 1 Prise Salz in einer Rührschüssel mischen. Butter, Buttermilch, Hefemischung und Ei hinzufügen und alles mit den Knethaken des Handrührgeräts zu einem elastischen Teig verkneten. Diesen zugedeckt an einem warmen Ort 30 Min. gehen lassen.

*3.* Den Teig mit bemehlten Händen nochmals kurz kneten und dann auf einem mit Backpapier ausgelegten Blech mit dem Nudelholz ausrollen. Zugedeckt weitere 10 Min. gehen lassen.

*4.* Inzwischen den Backofen auf 200° vorheizen. Für den Belag die Butter in Flöckchen schneiden. Mit einem Finger in regelmäßigen Abständen Löcher in den Teig drücken und die Butterstückchen gleichmäßig darauf verteilen. Mandeln und Zucker gleichmäßig auf den ganzen Kuchen streuen. Den Kuchen mit Puderzucker bestäuben und im heißen Backofen (Mitte, Umluft 180°) 25–30 Min. backen. Den Kuchen herausnehmen und sofort die Sahne gleichmäßig darüberträufeln.

Salat
Tomaten
Oliven
! Klopapier
Milch
Schokolade
Kaffee

# FÜR DEN KLEINEN HUNGER

*Wer mittags schon in der Mensa*
*oder beim Imbiss warm gegessen hat, sehnt sich*
*abends nach etwas Leichtem,*
*wie einem Salat oder einer Suppe.*
*Auch in der Prüfungszeit,*
*wenn höchste Konzentration gefordert ist,*
*sind leichte schnelle Gerichte gefragt,*
*die den Körper nicht belasten, optimal mit allen*
*Nährstoffen versorgen und noch dazu*
*richtig gut schmecken.*

# BUNTER SALAT
## MIT KNOBLAUCHBROT

***Für 2 Personen***

2 EL Crème fraîche
2 EL Apfelessig
1 TL scharfer Senf
2 EL Öl
1 EL TK-Schnittlauch
Salz | Pfeffer
1 Romana-Salatherz
1 rote Zwiebel
⅓ Bio-Salatgurke
1 gelbe Paprikaschote
2 hart gekochte Eier
10 grüne oder schwarze Oliven
½ Beet Kresse
1 Knoblauchzehe
2 EL weiche Butter
4 Scheiben Ciabattabrot

***Außerdem***

Toaster

***Zubereitung: ca. 20 Min.***

Pro Portion ca. 515 kcal
14 g EW, 35 g F, 34 g KH

*1.* Für das Dressing Crème fraîche, Essig, Senf, Öl und 1–2 EL Wasser verrühren. Den Schnittlauch unterrühren und die Salatsauce mit Salz und Pfeffer würzen.

*2.* Das Salatherz zerpflücken, die Blätter waschen und trocken schleudern. Die Zwiebel schälen und in schmale Spalten schneiden. Die Gurke heiß waschen und in dünne Scheiben schneiden. Die Paprikaschote längs halbieren, putzen, waschen und in schmale Streifen schneiden. Die Eier pellen und in Scheiben schneiden.

*3.* Das Salatherz, die Gurke und die Zwiebel mit dem Dressing mischen und auf zwei Teller verteilen. Paprika, Eier und Oliven darauf anrichten. Die Kresse vom Beet schneiden und darüberstreuen.

*4.* Für die Knoblauchbutter den Knoblauch schälen und zur Butter pressen. Beides vermengen und mit Salz und Pfeffer würzen. Das Brot toasten, mit der Butter bestreichen und zum Salat servieren.

***KNACKIGE ROHKOST*** steckt voller fettlöslicher Vitamine. Damit diese auch für den Körper verfügbar sind, sollte keinesfalls am Öl gespart werden.

## *FRUCHTIGER MÖHRENSALAT*

| *Für 2 Personen* |
| --- |
| 2 EL Zitronensaft |
| 2 TL flüssiger Honig |
| 2 EL Öl |
| Salz \| Pfeffer |
| 250 g Möhren |
| 1 Apfel |
| 100 g kernlose helle Weintrauben |
| 100 g Haselnussblättchen |

| *Zubereitung: ca. 15 Min.* |
| --- |
| Pro Portion ca. 535 kcal |
| 8 g EW, 42 g F, 33 g KH |

*1.* Für das Dressing Zitronensaft, Honig sowie das Öl verrühren und mit Salz und Pfeffer abschmecken.
*2.* Die Möhren putzen, schälen und mit der Gemüsereibe raspeln. Den Apfel waschen, halbieren und ohne Kerngehäuse klein würfeln. Die Weintrauben waschen, von den Stielen zupfen und nach Belieben halbieren. Die Nussblättchen in einer Pfanne ohne Fett unter Rühren hellbraun anrösten.
*3.* Alle vorbereiteten Zutaten mit dem Dressing mischen und kurz ziehen lassen. Den Möhrensalat nochmals mit Salz und Pfeffer abschmecken.

***TIPP* Wer es etwas herzhafter mag, reibt die Salatschüssel mit 1 halbierten Knoblauchzehe aus. Statt der Nüsse schmecken auch 2–3 EL Sonnenblumen- oder Kürbiskerne, Sesam- oder Hanfsamen.**

## *ROTE-BETE-RADICCHIO-SALAT*

| *Für 2 Personen* |
| --- |
| 200 g Rote Bete |
| 150 g Radicchio |
| 2 EL Walnusskerne |
| 2 EL Apfelessig |
| 2 TL mittelscharfer Senf |
| 2 TL flüssiger Honig |
| 3 EL Öl |
| Salz \| Pfeffer |
| ***Außerdem*** |
| Einmalhandschuhe |

| *Zubereitung: ca. 10 Min.* |
| --- |
| Pro Portion ca. 280 kcal |
| 4 g EW, 22 g F, 17 g KH |

*1.* Die Rote Bete schälen (Handschuhe anziehen), zunächst in 1 cm dicke Scheiben, dann diese in 1 cm breite, ganz dünne Streifen hobeln. Den Radicchio zerpflücken, waschen, trocken schleudern und in feine Streifen schneiden. Die Walnüsse grob hacken.
*2.* Für das Dressing Essig, Senf und Honig verrühren. Das Öl unterschlagen und die Salatsauce mit Salz und Pfeffer würzen.
*3.* Die vorbereiteten Zutaten in einer Schüssel mit dem Dressing mischen und kurz durchziehen lassen. Dazu passt Mehrkorn- oder Roggenbrot besonders gut.

***TIPP* Für einen fruchtigen Touch noch zusätzlich 100 g gewaschene kernlose helle Weintrauben unter den Salat mischen.**

# BROTSALAT
## MIT HALLOUMI

***Für 2 Personen***

2 Tomaten
½ Bio-Salatgurke
½ Bund Petersilie
2 EL Aceto balsamico bianco (ersatzweise Aceto balsamico)
1–2 TL flüssiger Honig
1 Knoblauchzehe
4–5 EL Öl
Salz
Pfeffer
1 Ciabatta-Brötchen
100 g Halloumi oder Grillkäse
50 g grüne Oliven (ohne Stein)

***Zubereitung: ca. 20 Min.***

Pro Portion ca. 515 kcal
15 g EW, 40 g F, 24 g KH

*1.* Die Tomaten waschen, halbieren, die Stielansätze entfernen und die Hälften würfeln. Die Salatgurke heiß waschen, längs vierteln und quer in kleine Stücke schneiden. Petersilie waschen, trocken schütteln und tupfen, die Blätter abzupfen und fein hacken.
*2.* Für das Dressing Essig und Honig verrühren. Den Knoblauch schälen und dazupressen. 3 EL Öl unterrühren und die Salatsauce mit Salz und Pfeffer würzen.
*3.* Das Brötchen und den Halloumi würfeln. Etwas Öl in einer Pfanne erhitzen und den Käse darin rundherum goldbraun braten, dann herausnehmen. 1 EL Öl in die Pfanne geben und die Brotwürfel darin rundherum kross braten. Gemüse, Petersilie, Oliven, Dressing, Halloumi und Brötchenwürfel in einer Schüssel mischen. Den Salat kurz durchziehen lassen.

***TIPP*** **Für einen zusätzlichen Farbtupfer kann auch noch ein bisschen »Grünzeug« unter den Salat gemischt werden. Dafür eignen sich 50 g Rucola oder Feldsalat oder ein Romana-Salatherz, natürlich zerpflückt, gewaschen, trocken geschleudert und in Streifen geschnitten.**

***SCHLEMMEN AUF MEDITERRANE ART:*** Taboulé und Caprese gehören zu den beliebtesten Salaten. Kein Wunder: Sie sind günstig, blitzschnell zubereitet und schmecken sommerfrisch!

**FERTIG IN CA. 10 MIN.**

## *TABOULÉ*

***Für 2 Personen***

120 g Instant-Couscous
½ TL edelsüßes Paprikapulver
1 TL gekörnte Gemüsebrühe
Salz | ¼ Salatgurke
2 kleine Tomaten | 1 kleine rote Zwiebel
je 1 Bund Petersilie und Minze
1 TL flüssiger Honig | 2–3 EL Zitronensaft
2 EL Olivenöl | Pfeffer

***Zubereitung: ca. 15 Min.***

Abkühlzeit: ca. 20 Min.
Pro Portion ca. 355 kcal
9 g EW, 11 g F, 55 g KH

***1.*** Den Couscous in einer Schüssel mit Paprikapulver, Brühe und 1 Prise Salz mischen. Mit 150 ml kochendem Wasser übergießen und zugedeckt 5 Min. quellen lassen. Dann mit einer Gabel auflockern und abkühlen lassen.
***2.*** Die Gurke schälen, längs halbieren, entkernen und fein würfeln. Die Tomaten waschen, halbieren und ohne Kerne und Stielansätze ganz fein würfeln. Die Zwiebel schälen und fein würfeln. Kräuter waschen, trocken schütteln und tupfen, die Blätter abzupfen und fein hacken. Vorbereitete Zutaten mit dem Couscous mischen.
***3.*** Honig, 2 EL Zitronensaft und Olivenöl verrühren. Das Dressing mit Salz und Pfeffer würzen, mit dem Salat mischen und diesen etwas ziehen lassen. Mit Salz, Pfeffer und Zitronensaft abschmecken.

## *TOMATEN-MELONEN-CAPRESE*

***Für 2 Personen***

1 Kugel Mozzarella (125 g)
2 Tomaten
½ Honigmelone (ca. 400 g)
1 rote Zwiebel
2 Stängel Basilikum
2–4 EL Aceto balsamico
2–4 EL Öl
Salz
Pfeffer

***Zubereitung: ca. 10 Min.***

Pro Portion ca. 400 kcal
14 g EW, 28 g F, 23 g KH

***1.*** Mozzarella abtropfen lassen, in 10 dünne Scheiben schneiden. Die Tomaten waschen, die Stielansätze entfernen und die Tomaten in je 5 Scheiben schneiden. Melone entkernen, schälen und in 10 Scheiben schneiden. Die Melonen-, Mozzarella- und Tomatenscheiben auf zwei Tellern abwechselnd leicht überlappend auslegen.
***2.*** Die Zwiebel schälen und fein würfeln. Basilikum waschen, trocken tupfen und die Blätter abzupfen. Die Zwiebelwürfel über die Caprese streuen, diese mit Essig und Öl beträufeln sowie mit Salz und Pfeffer würzen. Basilikumblätter darauf verteilen.

***TIPP*** **Die Caprese schmeckt auch mit Mango oder Feigen anstelle der Melone.**

## *LAUWARMER NUDELSALAT* *MIT PILZEN*

***Für 2 Personen***

8 getrocknete Tomaten (in Öl eingelegt)
50 g Rucola
200 g Penne | Salz
200 g Champignons
2 Knoblauchzehen
1 EL Butter
Pfeffer
1 EL Olivenöl
2–4 EL Aceto balsamico

***Zubereitung: ca. 30 Min.***

Pro Portion ca. 660 kcal
16 g EW, 30 g F, 80 g KH

*1.* Die Tomaten abtropfen lassen und in Streifen schneiden. Den Rucola verlesen, waschen, grobe Stiele entfernen und die Blätter nach Belieben kleiner zupfen.
*2.* Penne in reichlich kochendem Salzwasser nach Packungsangabe bissfest garen, in ein Sieb abgießen, abtropfen lassen.
*3.* Die Pilze putzen, trocken abreiben und halbieren. Den Knoblauch schälen und fein würfeln. Butter in einer Pfanne erhitzen und die Pilze darin etwa 5 Min. rundherum anbraten. Den Knoblauch dazugeben und kurz mitbraten. Pilze salzen und pfeffern.
*4.* In einer Schüssel Nudeln, Pilze, Tomaten, Rucola und Öl mischen. Den Salat mit Salz und Pfeffer abschmecken, auf zwei Teller verteilen und mit etwas Aceto balsamico beträufeln.

## *LAUWARMER* *TORTELLINISALAT*

***Für 2 Personen***

3 EL Aceto balsamico bianco (ersatzweise Aceto balsamico)
1 TL Zucker
4 EL Öl
1 EL gemischte TK-Kräuter
Salz
Pfeffer
60 g Rucola
1 rote Paprikaschote
100 g Mini-Mozzarella-Kugeln
50 g schwarze Oliven
250 g gekochte frische vegetarische Tortellini (aus dem Kühlregal)

***Zubereitung: ca. 15 Min.***

Pro Portion ca. 620 kcal
22 g EW, 39 g F, 45 g KH

*1.* In einer Salatschüssel Essig, Zucker und Öl verrühren. Kräuter dazugeben und das Dressing salzen und pfeffern.
*2.* Rucola verlesen, waschen und trocken schleudern. Grobe Stiele entfernen und die Blätter kleiner zupfen. Paprika längs halbieren, putzen, waschen und fein würfeln. Rucola, Paprika, Mozzarella und Oliven mit dem Dressing verrühren.
*3.* Die Nudeln vorsichtig mit den übrigen Salatzutaten mischen. Den Salat kurz ziehen lassen, nochmals mit Salz und Pfeffer abschmecken und servieren.

1
3

2

**Herzerwärmend, aromatisch und einfach lecker: Heiße Suppen sind genau das Richtige für kalte, graue Tage. Die kalt servierte Avocadosuppe dagegen hilft, auch in der heißen Sommerzeit einen kühlen Studentenkopf zu bewahren.**

## *MÖHREN-ERDNUSS-SUPPE (1)*

***Für 2 Personen***

200 g Möhren | 1 kleine Zwiebel
1 Knoblauchzehe (nach Belieben)
1 walnussgroßes Stück Ingwer
1 EL Butter | 1–2 TL Currypulver
2 EL Erdnussmus | 150 ml Kokosmilch
250 ml Gemüsebrühe | 1 EL Zitronensaft
Salz | Pfeffer

***Außerdem***

Pürierstab

***Zubereitung: ca. 15 Min.***

Garzeit: ca. 15 Min.
Pro Portion ca. 300 kcal
7 g EW, 25 g F, 10 g KH

***1.*** Die Möhren schälen und klein schneiden. Zwiebel, nach Belieben Knoblauch und Ingwer schälen und fein würfeln.
***2.*** Die Butter in einem Topf erhitzen. Möhren, Zwiebel und Ingwer darin anbraten. Den Knoblauch und 1 TL Currypulver dazugeben und kurz mitbraten. Erdnussmus, Kokosmilch und Brühe dazugeben, aufkochen und bei mittlerer Hitze zugedeckt ca. 15 Min. köcheln lassen.
***3.*** Die Suppe mit dem Pürierstab fein pürieren. Den Zitronensaft unterrühren und die Suppe zum Schluss mit Salz, Pfeffer und Currypulver abschmecken.

## *TÜRKISCHE LINSENSUPPE (2)*

***Für 2 Personen***

1 Möhre | 1 Stange Staudensellerie
1 Zwiebel | 1 Knoblauchzehe
2 EL Öl | 2 TL Tomatenmark
700 ml Gemüsebrühe | 100 g rote Linsen
1 TL getrocknete Minze (aus 1 Beutel Pfefferminztee)
1 TL edelsüßes Paprikapulver
1 EL Zitronensaft
Salz | Pfeffer
1–2 TL Zucker
2 gehäufte EL Joghurt

***Zubereitung: ca. 15 Min.***

Garzeit: ca. 20 Min.
Pro Portion ca. 305 kcal
14 g EW, 12 g F, 31 g KH

***1.*** Möhre putzen und schälen, Staudensellerie waschen und beides in Scheiben schneiden. Zwiebel und Knoblauch schälen und fein würfeln.
***2.*** Das Öl in einem Topf erhitzen und das vorbereitete Gemüse darin anbraten. Das Tomatenmark dazugeben und kurz mitbraten. Die Gemüsebrühe dazugeben, aufkochen und bei mittlerer Hitze zugedeckt 5 Min. kochen lassen.

*3.* Linsen in einem Sieb waschen, abtropfen lassen, zum Gemüse geben und alles bei schwacher Hitze in ca. 12 Min. garen. Dabei nach 10 Min. die Minze und das Paprikapulver dazugeben. Den Zitronensaft unter die Suppe rühren und diese mit Salz, Pfeffer und etwas Zucker würzen. Die Suppe auf zwei tiefe Teller verteilen und je 1 Klecks Joghurt daraufgeben.

## KALTE AVOCADOSUPPE (3)

| *Für 2 Personen* |
| --- |
| 1 Limette \| 5 cm Salatgurke |
| ½ kleine Zwiebel \| 1 Tomate |
| 2 Knoblauchzehen \| 1 TL Öl |
| Salz \| Pfeffer |
| 2 Stängel Minze \| 1 große Avocado |
| 200 g Joghurt \| Cayennepfeffer |
| 1–2 TL flüssiger Honig |
| ***Außerdem*** |
| Pürierstab |

| *Zubereitung: ca. 20 Min.* |
| --- |
| Pro Portion ca. 380 kcal |
| 6 g EW, 33 g F, 14 g KH |

*1.* Für die Salsa die Limette auspressen. Die Gurke schälen, halbieren, entkernen. Die Zwiebel schälen. Die Tomate waschen, halbieren, Kerne und Stielansatz entfernen. Gemüse fein würfeln und mischen. Den Knoblauch schälen, 1 Zehe dazupressen. Öl unterrühren, Salsa mit Salz, Pfeffer und ein paar Tropfen Limettensaft würzen.

*2.* Für die Suppe den restlichen Knoblauch grob hacken. Die Minze waschen, trocken tupfen, die Blätter abzupfen und in Streifen schneiden. Avocado halbieren, den Stein entfernen, das Fruchtfleisch mit einem Löffel aus den Schalen lösen und würfeln. Alles mit dem Joghurt, 200 ml Wasser und 3 EL Limettensaft in eine hohe Schüssel geben und mit dem Pürierstab fein pürieren. Suppe mit Salz, Pfeffer, Cayennepfeffer und Honig abschmecken und auf zwei tiefe Teller verteilen. Die Salsa auf der Suppe anrichten.

***TIPP*** **Eine weitere beliebte Suppe für heiße Tage ist der spanische Gazpacho. Dafür 1 Knoblauchzehe schälen und mit 1 getrockneten roten Chilischote würfeln. Beides mit 400 g stückigen Tomaten (aus der Dose), 150 ml Gemüsebrühe und 3 EL Olivenöl (ersatzweise Rapsöl) pürieren. 2 EL Apfelessig unterrühren und die Suppe mit Salz, Pfeffer und etwas Zucker oder Honig kräftig abschmecken. Als Gemüseeinlage ⅓ Salatgurke, je ½ grüne und rote Paprikaschote, 1 Tomate und ½ rote Zwiebel putzen und waschen bzw. schälen und sehr fein würfeln. Gemüsewürfelchen mit dem Tomatenpüree mischen und alles im Kühlschrank durchkühlen lassen. Den Gazpacho eiskalt servieren. Wer mag, rührt noch etwas Crème fraîche unter die kalte Suppe und serviert sie mit gerösteten Brotwürfeln oder gehacktem gekochtem Ei.**

## OFENKARTOFFEL
## *MIT GRÜNER SAUCE*

***Für 2 Personen***

2 Ofenkartoffeln (à 250 g)
2 hart gekochte Eier
200 g Schmand
2 EL Mayonnaise
1 EL Apfelessig
1 Beet Kresse
1 Packung gemischte TK-Kräuter
Salz | Pfeffer

***Außerdem***

Alufolie

***Zubereitung: ca. 15 Min.***

Garzeit: ca. 45 Min.
Pro Portion ca. 545 kcal
14 g EW, 40 g F, 34 g KH

***1.*** Den Backofen auf 250° vorheizen. Die Kartoffeln gründlich waschen, mehrfach mit einer Gabel anstechen, in Alufolie wickeln und auf dem Rost im Backofen (Mitte, Umluft 220°) ca. 45 Min. garen.
***2.*** Inzwischen die Eier pellen und klein würfeln. Schmand, Mayonnaise und Essig verrühren. Die Hälfte der Kresse vom Beet schneiden, mit TK-Kräutern und Eiern unterrühren. Die Sauce salzen und pfeffern.
***3.*** Kartoffeln aus dem Ofen nehmen, Folie öffnen. Kartoffeln längs tief einschneiden, etwas auseinanderklappen und die Sauce hineingeben. Restliche Kresse vom Beet schneiden und darüberstreuen.

## OFENSPARGEL
## *MIT ZITRONENBUTTER*

***Für 2 Personen***

800 g weißer Spargel | 50 ml Gemüsebrühe
50 ml trockener Weißwein | 1 TL Zucker
1 Knoblauchzehe | 100 g weiche Butter
abgeriebene Schale + 2 EL Saft von
1 Bio-Zitrone
Salz | Pfeffer | 1 EL TK-Petersilie

***Außerdem***

Auflaufform (20 × 30 cm)
weiche Butter für die Form

***Zubereitung: ca. 15 Min.***

Garzeit: ca. 30 Min.
Pro Portion ca. 505 kcal
6 g EW, 46 g F, 10 g KH

***1.*** Den Backofen auf 200° vorheizen. Den Spargel schälen, holzige Enden großzügig abschneiden. Die Stangen in die gebutterte Form geben. Brühe, Wein und Zucker verrühren, angießen und den Spargel im heißen Backofen (Mitte, Umluft 180°) in ca. 30 Min. bissfest garen.
***2.*** Knoblauch schälen, zur Butter pressen und mit Zitronenschale und -saft unterrühren. Butter salzen und pfeffern.
***3.*** Nach 25 Min. Garzeit die Butter auf dem Spargel verteilen und diesen fertig garen. Herausnehmen und auf zwei Teller verteilen. Den Sud nach Belieben noch mal mit Salz und Pfeffer abschmecken und darüberträufeln. Den Spargel mit Petersilie bestreuen. Dazu passen Pellkartoffeln.

# *PFANNENGEMÜSE*
## *MIT COUSCOUS*

***Für 2 Personen***

50 g Rosinen
1 kleiner Kohlrabi
2 Möhren
2 Tomaten
1 kleiner Zucchino
1 Zwiebel
50 g grüne Oliven (ohne Stein)
½ Bund Schnittlauch
60 g Instant-Couscous
1 TL + 1 EL Aceto balsamico
1 TL gekörnte Gemüsebrühe
Salz
Pfeffer
2 EL Öl
1 TL getrockneter Thymian
1 EL Butter
Zucker

***Zubereitung: ca. 30 Min.***

Pro Portion ca. 405 kcal
9 g EW, 19 g F, 51 g KH

***1.*** Die Rosinen mit kochendem Wasser übergießen und einweichen. Kohlrabi und Möhren schälen und würfeln. Die Tomaten waschen, halbieren und ohne Kerne und Stielansätze ebenfalls würfeln. Den Zucchino waschen, längs halbieren und in Scheiben schneiden. Die Zwiebel schälen und fein würfeln. Die Oliven halbieren. Den Schnittlauch waschen, trocken tupfen und in feine Röllchen schneiden.
***2.*** Couscous in einer Schüssel mit 1 TL Essig, der Brühe, Salz und Pfeffer mischen. Mit 120 ml kochendem Wasser übergießen und zugedeckt ca. 5 Min. quellen lassen.
***3.*** Öl in einer Pfanne erhitzen. Möhren, Kohlrabi und Zwiebel darin ca. 4 Min. anbraten. Zucchinoscheiben, Tomaten, abgetropfte Rosinen und den Thymian dazugeben und ca. 3 Min. mitbraten.
***4.*** Nach der Quellzeit den Couscous mit einer Gabel auflockern, die Butter darauf schmelzen lassen und den Couscous zugedeckt ruhen lassen.
***5.*** Die Oliven und den restlichen Essig unter das Gemüse mischen und dieses mit Salz, Pfeffer sowie etwas Zucker abschmecken. Das Gemüse mit dem Couscous auf zwei Teller verteilen. Mit Schnittlauch bestreuen und servieren.

# BRAINFOOD

Gegen Ende des Semesters, wenn Klausuren und Prüfungen anstehen, ist ein geregelter Tagesablauf kaum möglich, eine nährstoffreiche Ernährung aber umso wichtiger. Lange Kochorgien kann sich dann keiner mehr leisten – Pizza, Pommes und Veggie-Döner sind aber auch keine Lösung. Die folgenden Gerichte sind blitzschnell zubereitet, liegen nicht schwer im Magen und versorgen den Körper mit Vitaminen und Mineralstoffen. Das Wichtigste: Sie schmecken köstlich und schaffen eine kleine Genussoase im kraftraubenden Prüfungsstress.

## *BANANEN-HAFER-SHAKE*

*Für 1–2 Personen*

1 Banane | 4 EL zarte Haferflocken
2 EL gemahlene Haselnüsse
100 ml Ananassaft | 100 g Joghurt

*Außerdem*

Pürierstab

*Zubereitung: ca. 3 Min.*

Bei 2 Personen pro Portion ca. 235 kcal
7 g EW, 10 g F, 29 g KH

*1.* Die Banane schälen und klein schneiden. Mit Haferflocken, Nüssen, Ananassaft und Joghurt in einen hohen Becher füllen und mit dem Pürierstab fein pürieren.

***TIPP*** **Nussallergiker ersetzen die Nüsse durch 2 zusätzliche EL Haferflocken. Der Joghurt kann durch Kefir oder Buttermilch, der Ananassaft durch andere süße Fruchtsäfte oder Smoothies ersetzt werden.**

## *AVOCADOSALAT MIT ÄPFELN*

*Für 1 Person*

½ reife Avocado | ½ Apfel | 1 Kiwi
2 EL Limettensaft | 2 TL flüssiger Honig
1 TL mittelscharf Senf | 2 EL Öl
Salz | Pfeffer | 2 EL Haselnussblättchen

*Zubereitung: ca. 10 Min.*

Pro Portion ca. 685 kcal
6 g EW, 60 g F, 30 g KH

*1.* Die Avocado entsteinen, schälen und würfeln. Den Apfel waschen, halbieren und ohne Kerngehäuse klein schneiden. Die Kiwi schälen und würfeln.
*2.* Limettensaft, Honig, Senf und Öl verrühren und das Dressing mit Salz und Pfeffer würzen. Alle Salatzutaten mit dem Dressing in einer Schüssel mischen und kurz durchziehen lassen.

## *DINKELBROT MIT BIRNEN*

*Für 2 Stück*

2 TL scharfer Senf
1 TL flüssiger Honig
1 Birne
80 g Brie
2 Scheiben Dinkel- oder Mehrkornbrot
40 g Frischkäse
Pfeffer
½ Beet Kresse

*Zubereitung: ca. 10 Min.*

Pro Portion ca. 320 kcal
16 g EW, 14 g F, 32 g KH

*1.* Den Senf mit dem Honig verrühren. Die Birne waschen, halbieren und ohne Kerngehäuse in schmale Spalten schneiden. Den Brie in Scheiben schneiden.
*2.* Brote erst mit Frischkäse, dann mit Honigsenf bestreichen. Birne und Brie abwechselnd leicht überlappend darauflegen, pfeffern. Die Kresse vom Beet schneiden und darüberstreuen.

# *FALAFEL*
## *MIT SESAMSAUCE*

***Für 4 Personen***

***Für die Falafel***

300 g getrocknete Kichererbsen
2 Knoblauchzehen
1 Bund Petersilie
2 Bio-Zitronen
1 TL gemahlener Kreuzkümmel
1 TL edelsüßes Paprikapulver
Salz | Pfeffer
1 EL Mehl
1 TL Backpulver

***Für die Sauce***

1 Zitrone
150 g Tahin (Sesammus)
2 Knoblauchzehen
Salz | Pfeffer

***Außerdem***

Pürierstab
Pflanzenfett zum Frittieren

***Zubereitung: ca. 40 Min.***

Einweichzeit: mind. 12 Std.
Pro Portion ca. 570 kcal
21 g EW, 34 g F, 40 g KH

*1.* Am Vortag die Kichererbsen mit reichlich Wasser bedecken und mindestens 12 Std. einweichen.

*2.* Am nächsten Tag für die Sauce die Zitrone auspressen. Tahin mit 4 EL Zitronensaft und 150 ml Wasser verrühren. Knoblauch schälen, dazupressen. Sauce mit Salz, Pfeffer und Zitronensaft würzen.

*3.* Für die Falafel Knoblauch schälen und grob würfeln. Petersilie waschen, trocken schütteln und die Blätter fein hacken. 1 Zitrone heiß waschen, abtrocknen, die Schale abreiben, beide Zitronen auspressen.

*4.* Einweichwasser von den Kichererbsen abgießen und diese mit dem Pürierstab in einer hohen Schüssel mit Petersilie, Knoblauch und Zitronenschale fein pürieren, dabei den Zitronensaft dazugeben. Eventuell etwas Wasser hinzufügen, damit eine formbare Masse entsteht. Gewürze hinzufügen und die Masse kräftig salzen und pfeffern. Mehl und Backpulver untermischen.

*5.* Fett 5 cm hoch in einen kleinen Topf geben und erhitzen (wenn an einem ins Fett gehaltenen Holzstäbchen Bläschen aufsteigen, ist das Fett heiß genug). Aus dem Teig walnussgroße abgeflachte Bällchen formen. Diese im heißen Fett portionsweise in je ca. 5 Min. goldbraun frittieren, dabei einmal wenden. Dann herausheben und auf Küchenpapier abtropfen lassen. Die Falafel mit der Sesamsauce servieren.

FERTIG IN CA. 10 MIN.

## *ARME STUDIS*

***Für 2 Personen***

2 Milchbrötchen (vom Vortag) oder
4 Scheiben altes Weißbrot
1 Ei | 200 ml Milch
1 Pck. Vanillezucker | 1–2 EL Butter
2 EL Zucker | ½ TL Zimtpulver
4 TL Konfitüre (z. B. Himbeere, Aprikose oder Erdbeere)

***Zubereitung: ca. 20 Min.***

Einweichzeit: ca. 10 Min.
Pro Portion ca. 520 kcal
14 g EW, 17 g F, 77 g KH

***1.*** Die Brötchen halbieren. Ei, Milch und Vanillezucker verquirlen. Die Brötchen bzw. Brotscheiben darin 10 Min. einweichen.
***2.*** Butter in einer Pfanne erhitzen und die Brotscheiben darin in zwei Portionen von beiden Seiten je 3 Min. goldbraun braten.
***3.*** Zucker und Zimt mischen. Die Armen Studis auf zwei Teller verteilen und mit Zimtzucker bestreuen. Je 1 TL Konfitüre daraufsetzen und noch heiß genießen.

***TIPP*** **Für die Armen Studis kann man alle hellen Brotsorten und Brötchen vom Vortag verwenden. Diese müssen je nach Alter und Konsistenz jedoch unterschiedlich lange eingeweicht werden. Einfach so lange in der Milchmischung liegen lassen, bis die Brotscheiben sich per Fingerdruck schön weich anfühlen. Auch Hefezopf eignet sich für diese Süßspeise.**

## *GEBACKENE BANANE* *MIT HONIG*

***Für 2 Personen***

2 nicht zu reife Bananen
1 EL Butter
2 EL flüssiger Honig
Zimtpulver
1 EL Kokosflocken
2 Kugeln Vanilleeis

***Zubereitung: ca. 10 Min.***

Pro Portion ca. 415 kcal
2 g EW, 12 g F, 56 g KH

***1.*** Die Bananen schälen und längs halbieren. Die Butter in einer Pfanne erhitzen und die Bananen darin von beiden Seiten je 2–3 Min. anbraten, bis sie leicht gebräunt sind. Dann mit 1 EL Honig beträufeln, mit 1 Prise Zimt bestreuen.
***2.*** Bananen auf zwei Teller legen, mit dem restlichen Honig beträufeln und mit den Kokosflocken bestreuen. Das Vanilleeis daneben anrichten.

***TIPP*** **Auf die gleiche Art können auch dicke Mangoscheiben oder Aprikosenhälften aus dem Glas zubereitet werden. Birnen- und Apfelspalten müssen etwas länger gebraten werden, bis sie gar sind.**

***LUST AUF WAS ZUM NASCHEN,*** aber keine Schoki und nix Spannendes im Haus: Diese zwei süßen Klassiker zaubern aus einfachen Zutaten im Handumdrehen unwiderstehliche warme Desserts.

# APPLE CRUMBLE

| | |
|---|---|
| ***Für 6–8 Personen*** | |
| 150 g Mehl | |
| 50 g kernige Haferflocken | |
| 130 g brauner Zucker | |
| Salz \| 100 g Butter | |
| 4 säuerliche Äpfel (z. B. Boskop) | |
| 2 EL Zitronensaft | |
| Zimtpulver | |
| 1 Pck. Vanillezucker | |
| ***Außerdem*** | |
| Auflaufform (20 × 30 cm) | |
| weiche Butter für die Form | |

| | |
|---|---|
| ***Zubereitung: ca. 20 Min.*** | |
| Backzeit: ca. 30 Min. | |
| Bei 8 Personen pro Portion ca. 290 kcal | |
| 3 g EW, 12 g F, 41 g KH | |

*1.* Den Backofen auf 200° vorheizen. Für den Teig Mehl, Haferflocken und 100 g Zucker mit 1 Prise Salz in einer Schüssel mischen. Die Butter in einem Topf schmelzen, über die Mehlmischung gießen und alle Zutaten mit einem Kochlöffel zu einem bröseligen Teig verrühren.

*2.* Die Auflaufform mit Butter einfetten. Die Äpfel schälen, halbieren, die Kerngehäuse entfernen und das Fruchtfleisch würfeln. Apfelwürfel mit Zitronensaft beträufeln, mit 1 Msp. Zimt, dem Vanillezucker und dem restlichen Zucker mischen.

*3.* Die Äpfel in der Auflaufform verteilen. Die Teigbrösel daraufstreuen. Den Crumble im heißen Backofen (Mitte, Umluft 180°) ca. 30 Min. backen, bis der Teig gut gebräunt ist. Dann den Kuchen aus dem Ofen nehmen und etwas abkühlen lassen. Noch warm oder kalt servieren.

***TIPP*** **Für immer neue Überraschungsmomente, was einen unter der Knusperkruste erwartet, die Fruchtbasis für den Crumble gekonnt abwandeln. Gute Ergänzungen zum Apfel sind 50 g Rosinen, getrocknete Cranberrys oder gehackte getrocknete Aprikosen. Auch 50 g TK-Früchte, wie Himbeeren oder Heidelbeeren, können ganz einfach on top auf den Äpfeln verteilt werden. Noch mehr Abwechslung gefällig? Dann die Äpfel teilweise oder ganz durch Birnen oder entsteinte Pflaumen ersetzen.**

Mahlzeit!

# FÜR DEN GROSSEN HUNGER

*Kopfarbeit macht richtig hungrig.*
*Und Hunger führt dazu, dass man ganz schnell*
*nicht mehr klar denken kann.*
*Schnelle Abhilfe gegen diesen Teufelskreis*
*versprechen Mensa, Imbiss & Co. –*
*doch Qualität und Abwechslung bleiben hier meist*
*auf der Strecke, gerade für Vegetarier.*
*Mit den folgenden Rezepten wird dagegen jeder*
*garantiert richtig satt und glücklich.*

roll it!
TYPHOON

# *GRUNDREZEPT*
# *PIZZA*

| |
|---|
| ***Für 4 Personen*** |
| ***Für die Tomatensauce*** |
| 1 Zwiebel \| 2 Knoblauchzehen \| 2 EL Öl |
| 2 TL getrockneter Thymian |
| 400 g stückige Tomaten (aus der Dose) |
| 1 Bund Basilikum |
| Salz \| Pfeffer \| ca. 1 TL Zucker |
| ***Für den Teig*** |
| 300 g Mehl \| 2 TL Backpulver |
| 150 g Magerquark \| 80 ml Milch |
| 80 ml Öl \| Salz |
| ***Außerdem*** |
| Mehl zum Ausrollen |
| Backpapier |
| Nudelholz |

| |
|---|
| ***Zubereitung: ca. 20 Min.*** |
| Backzeit: ca. 25 Min. |
| Pro Portion ca. 560 kcal |
| 16 g EW, 27 g F, 63 g KH |

*1.* Für die Tomatensauce die Zwiebel und den Knoblauch schälen und fein würfeln. Öl in einem Topf erhitzen und die Zwiebelwürfel darin andünsten. Knoblauch und Thymian hinzufügen und kurz mitdünsten. Die Tomaten dazugießen, erhitzen und ca. 10 Min. köcheln lassen.

*2.* Inzwischen den Backofen auf 250° vorheizen. Für den Teig Mehl und Backpulver in einer Schüssel mischen. Quark, Milch, Öl und ½ TL Salz hinzufügen und alles mit den Knethaken des Handrührgeräts rasch zu einem glatten Teig verkneten. Den Teig auf einem Bogen bemehltem Backpapier mit dem Nudelholz ausrollen und anschließend samt Papier auf ein Backblech legen.

*3.* Für die Sauce das Basilikum waschen, trocken schütteln, die Blätter abzupfen und fein hacken. Unter die Sauce rühren, diese noch etwas ziehen lassen und mit Salz, Pfeffer und Zucker abschmecken.

*4.* Die Sauce auf dem Teig verteilen. Den Teig beliebig belegen (s. Tipp) und die Pizza im heißen Ofen (Mitte, Umluft 220°) in 20–25 Min. knusprig backen.

***TIPP*** **Typische Pizzabeläge sind Champignons, Paprika, Artischockenherzen und Oliven. Schmackhafte Kombinationen sind auch Tomate-Mozzarella-Basilikum und Feige-Ziegenkäse-Rosmarin. Wer noch etwas knackigen Biss mag, belegt die Pizza nach dem Backen mit Rucola. Übrigens: Die Käseschicht (meist Mozzarella) ist in Italien, wenn überhaupt vorhanden, recht dünn und kommt unter den Belag.**

# *FLAMMKUCHEN MIT RUCOLA*

***Für 2–4 Personen***

1 Packung Pizzateig
(400 g; aus dem Kühlregal)
2 Zwiebeln
50 g grüne oder schwarze Oliven
(ohne Stein)
8 getrocknete Tomaten (in Öl eingelegt)
80 g Rucola
200 g Crème fraîche
100 g Schmand | 50 g Sahne
Salz | Pfeffer (nach Belieben)

***Außerdem***

Mehl zum Ausrollen
Backpapier | Nudelholz

***Zubereitung: ca. 15 Min.***

Backzeit: ca. 30 Min.
Bei 4 Personen pro Portion ca. 675 kcal
11 g EW, 48 g F, 49 g KH

***1.*** Den Backofen samt Backblech auf 250° (Umluft 220°) vorheizen. Den Teig quer halbieren und auf 2 Bögen bemehltem Backpapier mit dem Nudelholz fast bis auf Blechgröße ausrollen.

***2.*** Die Zwiebeln schälen und fein würfeln. Die Oliven in Ringe schneiden. Getrocknete Tomaten abtropfen lassen und würfeln. Rucola verlesen, waschen, trocken schleudern, grobe Stiele entfernen und die Blätter nach Belieben kleiner zupfen.

***3.*** Crème fraîche, Schmand, Sahne und getrocknete Tomaten verrühren. Sauce mit etwas Salz würzen und gleichmäßig auf die beiden Teigböden streichen. Die Zwiebeln und die Oliven darüberstreuen.

***4.*** Das heiße Blech aus dem Ofen nehmen (Achtung: Topflappen nicht vergessen!) und einen Flammkuchen samt Backpapier vorsichtig auf das Blech ziehen. Den Flammkuchen im heißen Backofen (Mitte) ca. 15 Min. backen, bis der Teig knusprig ist. Danach den zweiten Flammkuchen auf die gleiche Art und Weise backen.

***5.*** Den fertigen Flammkuchen halbieren oder vierteln. Nach Belieben mit grob gemahlenem Pfeffer würzen und mit dem Rucola bestreuen.

***TIPP*** **Wer es etwas würziger mag, rührt noch 1 geschälte und durchgepresste Knoblauchzehe unter die Creme.**

***TIPP*** **Wichtig: Den Backofen auf höchster Stufe vorheizen. Denn eigentlich wird der knusprige Flammkuchen bei noch höheren Temperaturen gebacken.**

2
3

**Pasta e basta: Nudeln machen glücklich. Und praktisch sind sie auch, denn sie sind bereits in knapp 10 Min. bissfest gegart. Damit sind sie die ideale Mahlzeit, wenn es abends schnell gehen muss, weil noch Fitnessstudio, Kino oder Kneipe warten.**

## *CARBONARA (1)*
## *MIT RÄUCHERTOFU*

***Für 2 Personen***

250 g Spaghetti oder Linguine | Salz
1 Zwiebel | 1 Knoblauchzehe
80 g Räuchertofu
70 g Hartkäse (s. Info S. 8)
1 Ei | 70 g Sahne
Pfeffer | 1 EL Öl

***Zubereitung: ca. 20 Min.***

Pro Portion ca. 820 kcal
36 g EW, 32 g F, 98 g KH

***1.*** Die Nudeln nach Packungsangabe in reichlich kochendem Salzwasser bissfest garen. Anschließend in ein Sieb abgießen und abtropfen lassen.
***2.*** Inzwischen Zwiebel und Knoblauch schälen und fein würfeln. Den Räuchertofu ebenfalls fein würfeln. Den Käse reiben, mit Ei und Sahne verrühren und die Sauce mit Salz und Pfeffer würzen.
***3.*** In einer großen Pfanne das Öl erhitzen, Zwiebel und Tofu darin anbraten. Knoblauch hinzufügen und kurz mitbraten. Dann die Nudeln dazugeben und in der Pfanne schwenken. Die Eiermischung darübergießen und bei mittlerer Hitze unter Rühren erhitzen, bis sie ganz leicht stockt, aber noch cremig ist. Pasta mit Salz und Pfeffer würzen, auf zwei Teller verteilen und servieren.

## *PASTA ALL' ARRABBIATA (2)*

***Für 2 Personen***

3 Knoblauchzehen
1 Zwiebel
2 EL Butter
1 TL Pul biber (Paprikaflocken; aus dem türkischen Lebensmittelladen) oder Chiliflocken
1–2 TL Zucker
400 g stückige Tomaten (aus der Dose)
200–250 g Fusilli | Salz
1 EL TK-Petersilie
2 TL eingelegte Kapern
Pfeffer

***Zubereitung: ca. 25 Min.***

Pro Portion ca. 545 kcal
17 g EW, 10 g F, 95 g KH

***1.*** Knoblauch schälen und in Scheiben schneiden. Zwiebel schälen und fein würfeln. Die Butter in einer Pfanne erhitzen. Die Zwiebel darin anbraten, Knoblauch und Pul biber hinzufügen und kurz mitbraten. 1 TL Zucker und Tomaten dazugeben und die Sauce bei schwacher Hitze offen ca. 15 Min. köcheln lassen.

*2.* Inzwischen die Nudeln nach Packungsangabe in reichlich kochendem Salzwasser bissfest garen. In ein Sieb abgießen und abtropfen lassen.
*3.* Petersilie, Kapern und 2 TL Kapernessig in die Sauce geben und diese mit Salz, Pfeffer und Zucker abschmecken. Sauce und Nudeln mischen, auf zwei Teller verteilen und servieren.

## *RUCOLAPESTO (3)*

| *Für 4 Personen* |
|---|
| 1 Bund Basilikum |
| 70 g Hartkäse (s. Info S. 8) |
| 2 Knoblauchzehen |
| 2 EL Haselnüsse \| 100 ml Öl |
| Salz \| Pfeffer |
| ca. 1 EL Zitronensaft |
| 70 g Rucola |
| ***Außerdem*** |
| Pürierstab |

| *Zubereitung: ca. 15 Min.* |
|---|
| Pro Portion ca. 333 kcal |
| 33 g EW, 2 g F, 8 g KH |

*1.* Das Basilikum waschen, trocken tupfen, die Blätter abzupfen und in Streifen schneiden. Den Käse grob raspeln. Den Knoblauch schälen und klein schneiden.
*2.* Basilikum, Käse, Knoblauch, Nüsse und Öl in einen hohen Becher füllen und mit dem Pürierstab fein pürieren. Das Pesto mit Salz, Pfeffer und Zitronensaft würzen.
*3.* Rucola verlesen, waschen, trocken schleudern, grobe Stiele entfernen und die Blätter fein hacken. Rucola unter das Pesto rühren und dieses 5 Min. ziehen lassen.

***TIPP*** **400–500 g Nudeln nach Packungsangabe in reichlich kochendem Salzwasser garen, dann in ein Sieb abgießen. Dabei 1 Tasse Kochwasser auffangen. Die Nudeln mit dem Pesto und so viel Kochwasser verrühren, dass das Pesto leicht flüssig wird und sich gut mit den Nudeln vermengen lässt.**

***TIPP*** **Ein anderes blitzschnelles Pastagericht sind Gnocchi mit Tomaten und Mascarpone. Für 2 Personen 400 g Kartoffelgnocchi (aus dem Kühlregal) in einer Pfanne in 3 EL Olivenöl bei mittlerer Hitze rundherum knusprig braun braten und herausnehmen. 250 g Datteltomaten waschen, abtropfen lassen und bei mittlerer Hitze in der Pfanne anbraten, bis sie aufplatzen. 2 Knoblauchzehen schälen und dazupressen, 2 TL Honig dazugeben und kurz karamellisieren lassen. 100 g Mascarpone und 50 ml Gemüsebrühe dazugeben und kurz köcheln lassen. Die Sauce mit Salz, Pfeffer und Aceto balsamico abschmecken. Die Gnocchi kurz in der Sauce schwenken. Auf zwei Teller verteilen, etwas Pfeffer grob darübermahlen und die Gnocchi mit Basilikumblättern garniert servieren.**

# *KÄSESPÄTZLE* *MIT PILZEN*

| ***Für 4 Personen*** |
|---|
| 2 dünne Stangen Lauch |
| 300 g braune Champignons |
| 100 g Emmentaler (am Stück; s. Info S. 8) |
| 150 g Greyerzer (am Stück; s. Info S. 8) |
| 400 g frische Spätzle (aus dem Kühlregal) |
| Salz \| 4 EL Öl |
| 50 ml trockener Weißwein (nach Belieben) |
| Pfeffer |
| 2 Zwiebeln \| 1 Bund Schnittlauch |
| ***Außerdem*** |
| Auflaufform (20 × 30 cm) |

| ***Zubereitung: ca. 35 Min.*** |
|---|
| Pro Portion ca. 545 kcal |
| 28 g EW, 33 g F, 31 g KH |

*1.* Den Backofen auf 200° (Umluft 180°) vorheizen und die Form hineinstellen.

*2.* Lauch putzen, waschen, abtrocknen und in Ringe schneiden. Die Pilze putzen, trocken abreiben und halbieren bzw. in Scheiben schneiden. Emmentaler und Greyerzer entrinden und reiben.

*3.* Die Spätzle nach Packungsangabe in reichlich kochendem Salzwasser garen. Dann in ein Sieb abgießen und unbedingt gut abtropfen lassen.

*4.* In einer großen Pfanne 2 EL Öl erhitzen. Lauch und Pilze darin 5 Min. anbraten. Eventuell mit dem Wein ablöschen, noch kurz köcheln lassen. Gemüse salzen, pfeffern und mit den Spätzle mischen.

*5.* Die Auflaufform mit Topflappen aus dem Ofen nehmen. Die Temperatur auf 50° herunterschalten. Spätzlemischung und Käse zweimal abwechselnd übereinander in die Auflaufform schichten und diese wieder in den Backofen stellen.

*6.* Die Zwiebeln schälen und in schmale Spalten schneiden. Das restliche Öl in einer Pfanne erhitzen und die Zwiebelspalten darin bei mittlerer Hitze in 6–8 Min. knusprig braun braten. Inzwischen den Schnittlauch waschen, trocken tupfen und in feine Röllchen schneiden.

*7.* Die Spätzle aus dem Ofen nehmen und auf vier Tellern anrichten. Die Zwiebeln darauf verteilen. Käsespätzle am besten mit grob gemahlenem Pfeffer würzen und den Schnittlauch darüberstreuen.

***TIPP*** **Schmeckt auch mit Schupfnudeln aus dem Kühlregal. Diese jedoch in einer Pfanne in 2 EL Öl hellbraun braten, dann erst mit dem Gemüse mischen und wie beschrieben verarbeiten.**

# SPINATLASAGNE

| |
|---|
| ***Für 4 Personen*** |
| 2 Knoblauchzehen |
| 500 g aufgetauter TK-Blattspinat |
| 200 g Feta |
| 100 g Sahne |
| 100 ml Gemüsebrühe |
| Pfeffer |
| 2 Zwiebeln |
| 500 g Cocktailtomaten |
| 100 g grüne Oliven (ohne Stein) |
| 2 EL Öl |
| 2 TL Kräuter der Provence |
| 1 EL Honig |
| 100 ml trockener Weißwein |
| Salz |
| 12 Lasagneplatten (ca. 200 g) |
| 100 g geriebener Käse (z. B. Gouda oder Emmentaler; s. Info S. 8) |
| ***Außerdem*** |
| Auflaufform (20 × 30 cm) |
| Butter für die Form |

| |
|---|
| ***Zubereitung: ca. 40 Min.*** |
| Backzeit: ca. 50 Min. |
| Pro Portion ca. 625 kcal |
| 27 g EW, 33 g F, 49 g KH |

*1.* Den Knoblauch schälen und fein würfeln. Den Spinat ausdrücken und in eine Schüssel geben. Den Feta zerbröckeln und mit Sahne, Brühe und der Hälfte des Knoblauchs dazugeben. Die Spinat-Käse-Masse mit Pfeffer würzen.

*2.* Zwiebeln schälen und fein würfeln. Die Tomaten waschen und halbieren. Die Oliven ebenfalls halbieren.

*3.* Das Öl in einer Pfanne erhitzen und die Zwiebelwürfel darin anbraten. Die Tomaten hinzufügen und 2 Min. mitdünsten. Kräuter, restlichen Knoblauch und den Honig dazugeben, alles kurz weiterdünsten, dann mit dem Wein ablöschen. Die Sauce 1 Min. köcheln lassen. Die Oliven dazugeben und die Sauce mit Salz und Pfeffer würzen.

*4.* Den Backofen auf 200° vorheizen. Die Auflaufform einfetten. Den Boden mit 3 Lasagneplatten auslegen. Darüber je ein Viertel der Spinatmasse und der Tomatenmischung schichten und so fortfahren, bis alle Zutaten verbraucht sind. Lasagne im heißen Backofen (Mitte, Umluft 180°) ca. 50 Min. backen. Nach 20 Min. Backzeit die Lasagne mit dem geriebenen Käse bestreuen und fertig garen.

YUM!

# HEIMWEH

Zum Studienbeginn stehen Kartoffeln meist nur als fettige Pommes auf dem Speiseplan. Pizza, Pasta & Co. erscheinen zunächst viel verlockender. Doch irgendwann wird auch das eintönig – mit dem ersten Heimweh werden auch die Klassiker aus Omas Küche wieder attraktiver. Und das nicht nur für die Geschmacksnerven, sondern auch für den Geldbeutel. Ob Puffer, Püree oder Rahmkartoffeln, diese Gerichte sind einfach zeitlos gut und noch dazu billig – deshalb haben sie wohl schon Generationen überdauert.

## KARTOFFELPUFFER

***Für 2 Personen***

1 Zwiebel | 500 g festkochende Kartoffeln

1 Ei | 1 EL Mehl

Salz | Pfeffer | 50–100 ml Öl

***Zubereitung: ca. 30 Min.***

Pro Portion ca. 380 kcal

8 g EW, 23 g F, 34 g KH

*1.* Zwiebel und Kartoffeln schälen und mit der Gemüsereibe grob raspeln. Die Kartoffeln in ein Sieb geben und etwas auspressen. Kartoffeln, Zwiebel, Ei und Mehl in einer Schüssel zu einer klebrigen Masse vermischen. Salzen und pfeffern. Reichlich Öl in einer Pfanne erhitzen und portionsweise bei mittlerer Hitze darin sechs bis acht Kartoffelpuffer in je ca. 10 Min. beidseitig knusprig braun braten. Auf Küchenpapier abtropfen lassen.

## RAHMKARTOFFELN

***Für 2 Personen***

600 g Pellkartoffeln vom Vortag

1 Zwiebel | 1 EL Butter | 1 EL Mehl

150 ml Gemüsebrühe | 100 g Sahne

Salz | Pfeffer | frisch geriebene Muskatnuss

1 EL TK-Petersilie

***Zubereitung: ca. 20 Min.***

Pro Portion ca. 410 kcal

7 g EW, 20 g F, 47 g KH

*1.* Kartoffeln pellen und in Scheiben schneiden. Zwiebel schälen, fein würfeln. Butter in einem Topf erhitzen und die Zwiebel darin andünsten. Das Mehl dazugeben und hell anschwitzen. Die Brühe dazugießen, aufkochen und bei schwacher Hitze ca. 5 Min. köcheln lassen. Kartoffeln und Sahne dazugeben, aufkochen und ca. 3 Min. köcheln lassen. Rahmkartoffeln mit Salz, Pfeffer sowie Muskatnuss würzen und die Petersilie unterrühren.

## KARTOFFELPÜREE

***Für 2 Personen***

500 g geschälte, geviertelte vorwiegend festkochende Kartoffeln

Salz | 100 ml heiße Milch | 40 g Butter

frisch geriebene Muskatnuss

***Außerdem***

Kartoffelstampfer (ersatzweise Fleischklopfer oder stabile Gabel)

***Zubereitung: ca. 10 Min.***

Pro Portion ca. 355 kcal

7 g EW, 19 g F, 40 g KH

*1.* Kartoffeln in einem Topf mit Salzwasser bedeckt ca. 15 Min. bei mittlerer Hitze zugedeckt kochen, in ein Sieb abgießen, abtropfen und etwas ausdampfen lassen. Zurück in den Topf geben. Milch und Butter dazugeben und die Kartoffeln mit dem Kartoffelstampfer zermusen. Das Püree mit Salz und Muskat abschmecken.

***GANZ EASY IN DER ZUBEREITUNG:*** Rosmarinkartoffeln garen im Ofen ganz pflegeleicht ohne Aufsicht und Bratkartoffeln sind ein blitzschneller Sattmacher.

## *ROSMARINKARTOFFELN*

***Für 2 Personen***

500 g junge gleich große festkochende Kartoffeln
1 Zweig Rosmarin
4 EL Olivenöl (ersatzweise Sonnenblumenöl)
Salz
Pfeffer

***Außerdem***

Backpapier

***Zubereitung: ca. 10 Min.***

Backzeit: ca. 45 Min.
Pro Portion ca. 315 kcal
4 g EW, 20 g F, 30 g KH

*1.* Den Backofen auf 200° vorheizen. Die Kartoffeln waschen, abtrocknen und halbieren. Rosmarin waschen, trocken tupfen, die Nadeln abzupfen, hacken und mit dem Öl mischen. 1 Bogen Backpapier damit bestreichen. Salz und Pfeffer daraufstreuen und die Kartoffelhälften mit der Schnittfläche nach unten darauflegen.
*2.* Die Kartoffeln im heißen Backofen (Mitte, Umluft 180°) 40–45 Min. garen, dabei nach 30 Min. wenden. Zu den Rosmarinkartoffeln passen ein grüner Salat und ein Dip, z. B. Guacamole (Rezept s. S. 44) oder Zaziki (Rezept s. S. 102).

## *BRATKARTOFFELSALAT*

***Für 2 Personen***

400 g festkochende Pellkartoffeln vom Vortag
4 EL Öl | 1 Romana-Salatherz
100 g Cocktailtomaten
150 g Bio-Salatgurke
80 g Feta
3 EL Aceto balsamico
1 TL Zucker | 1 TL scharfer Senf
Salz | Pfeffer | ½ Beet Kresse

***Zubereitung: ca. 25 Min.***

Pro Portion ca. 430 kcal
13 g EW, 27 g F, 31 g KH

*1.* Die Kartoffeln pellen und in Scheiben schneiden. 1 EL Öl in einer Pfanne erhitzen, Kartoffelscheiben nebeneinander hineinlegen und bei mittlerer Hitze in 6–8 Min. goldbraun braten.
*2.* Inzwischen Salat zerpflücken, waschen, trocken schleudern und die Blätter nach Belieben klein zupfen. Tomaten waschen und halbieren. Die Gurke waschen und in Scheiben schneiden. Den Feta würfeln.
*3.* Die Kartoffeln wenden und die andere Seite ebenfalls goldbraun braten. Essig, Zucker, Senf und restliches Öl verrühren und mit Salz und Pfeffer abschmecken.
*4.* Kartoffeln salzen und pfeffern. Salat, Tomaten und Gurke auf zwei Teller verteilen. Kartoffeln daraufgeben, mit dem Dressing beträufeln und mit Feta bestreuen. Kresse vom Beet direkt darüberschneiden.

# *OFENGEMÜSE* *MIT ZAZIKI*

|  |
|---|
| ***Für 2 Personen*** |
| ***Für das Gemüse*** |
| 1 rote Paprikaschote |
| 300 g Hokkaidokürbis |
| 1 Fenchelknolle |
| 100 g große schwarze Oliven |
| 3 EL Öl |
| 1 TL flüssiger Honig |
| 2 EL Aceto balsamico bianco (ersatzweise Apfelessig) |
| 1 TL edelsüßes Paprikapulver |
| 1 TL getrockneter Thymian |
| Salz \| Pfeffer |
| ***Für den Zaziki*** |
| ¼ Salatgurke |
| 200 g Magerquark |
| 100 g Sahne |
| 1 EL Aceto balsamico bianco (ersatzweise Apfelessig) |
| 2 Knoblauchzehen |
| Salz \| Pfeffer |
| ***Außerdem*** |
| Backpapier |

|  |
|---|
| ***Zubereitung: ca. 15 Min.*** |
| Garzeit: ca. 25 Min. |
| Pro Portion ca. 530 kcal |
| 19 g EW, 39 g F, 23 g KH |

***1.*** Den Backofen auf 200° (Umluft 180°) vorheizen. Für das Gemüse die Paprikaschote längs halbieren, putzen, waschen und in Spalten schneiden. Kürbis entkernen, gründlich waschen und putzen, hässliche Hautstellen wegschneiden – ansonsten müssen Hokkaidos nicht geschält werden – und das Fruchtfleisch grob würfeln. Den Fenchel putzen, waschen und in dünne Scheiben schneiden.

***2.*** Das Gemüse und die Oliven in eine Schüssel geben. Öl, Honig, Essig, Paprikapulver und Thymian darübergeben. Alles gut durchmischen und mit Salz und Pfeffer würzen. Das Gemüse auf ein mit Backpapier ausgelegtes Blech geben und im heißen Ofen (Mitte) ca. 25 Min. garen.

***3.*** Inzwischen für den Zaziki die Gurke schälen, längs halbieren, entkernen und das Fruchtfleisch fein würfeln. Quark, Sahne und Essig verrühren, den Knoblauch schälen und dazupressen. Die Gurke unter die Quarkmischung rühren und den Zaziki mit Salz und Pfeffer abschmecken.

***4.*** Das Gemüse aus dem Ofen nehmen, auf zwei Teller verteilen und mit dem Zaziki servieren. Dazu passt Couscous oder Kartoffelpüree (Rezept s. S. 99).

# HIRSEBRATLINGE MIT SCHNITTLAUCHDIP

***Für 2 Personen***

***Für die Bratlinge***

1 Zwiebel

100 g Hirse

250 ml Gemüsebrühe

4 EL zarte Haferflocken

3 EL Mehl

100 g Knollensellerie

1 Ei

1 TL Currypulver

***Für den Schnittlauchdip***

1 Bund Schnittlauch

150 g Crème fraîche

1 EL scharfer Senf

Salz

Pfeffer

***Außerdem***

Öl zum Braten

***Zubereitung: ca. 35 Min.***

Garzeit: ca. 30 Min.

Pro Portion ca. 740 kcal

16 g EW, 47 g F, 61 g KH

*1.* Die Zwiebel schälen und fein würfeln. In einem Topf 1 EL Öl erhitzen und die Zwiebel darin anbraten. Hirse und Brühe dazugeben, aufkochen und ca. 20 Min. bei schwacher bis mittlerer Hitze zugedeckt köcheln lassen, bis die Hirse weich und die Brühe eingekocht ist. Haferflocken und Mehl unterrühren und alles auf der ausgeschalteten Herdplatte zugedeckt noch 10 Min. quellen lassen.

*2.* Für den Dip den Schnittlauch waschen, trocken tupfen und in feine Röllchen schneiden. Crème fraîche, Senf und Schnittlauch verrühren und mit Salz und Pfeffer abschmecken.

*3.* Sellerie schälen und fein raspeln. Mit Ei und Curry unter die Hirsemasse rühren. Diese salzen und pfeffern. Öl in einer Pfanne erhitzen. Aus der Hirsemasse acht flache Bratlinge formen und in zwei Portionen im heißen Öl in je 5 Min. von beiden Seiten knusprig braun braten.

***TIPP*** **Für 4 Veggie-Burger Gemüse, z. B. Gurke, Tomate, Paprika, Radieschen, Rucola oder Frühlingszwiebeln, klein schneiden. Vier Bratlinge mit dem Gemüse belegen, etwas Dip daraufgeben und jeweils einen zweiten Bratling darauflegen.**

# ZWETSCHGEN-PFANNKUCHEN

***Für 2 Personen***

***Für die Pfannkuchen***

80 g Mehl

150 ml Milch

2 Eier

1 EL Zucker

Salz

200 g Zwetschgen

1–2 EL Öl

***Für die Stippmilch***

150 g Magerquark

50 ml Milch

30 g Zucker

***Außerdem***

30 g Zucker und ½ TL Zimtpulver zum Bestreuen

***Zubereitung: ca. 25 Min.***

Pro Portion ca. 595 kcal

25 g EW, 18 g F, 83 g KH

*1.* Für die Pfannkuchen Mehl und Milch in einer Schüssel glattrühren. Die Eier, den Zucker und 1 Prise Salz unterrühren.

*2.* Für die Stippmilch den Quark mit der Milch und dem Zucker verrühren.

*3.* Die Zwetschgen für die Pfannkuchen waschen, vierteln und entsteinen. Etwas Öl in einer großen Pfanne erhitzen und eine Schöpfkelle voll Teig darin verteilen. Den Teig mit der Hälfte der Zwetschgen belegen und noch etwas Teig darüberlaufen lassen, sodass nun etwa die Hälfte des Teigs aufgebraucht ist. Den Pfannkuchen so lange backen, bis er sich vom Boden löst, dann vorsichtig wenden (s. S. 108, Step 5) und in ca. 3–4 Min. fertig backen.

*4.* Zucker und Zimt zum Bestreuen miteinander mischen. Den Pfannkuchen mit den Zwetschgen nach oben auf einen Teller legen und mit Zimtzucker bestreuen. Die Stippmilch dazu servieren. Noch einen zweiten Pfannkuchen auf diese Art backen.

***TIPP*** **Die Pfannkuchen schmecken auch mit 1 in schmale Spalten geschnittenen Apfel oder mit Heidelbeeren. Wer es besonders süß mag, lässt nach dem Wenden noch etwas Vollmilchschokolade auf dem Pfannkuchen schmelzen.**

# ZUCCHINI-FRITTATA MIT ZIEGENKÄSE

***Für 2 Personen***

300 g kleine Zucchini
50 g schwarze Oliven (ohne Stein)
1 rote Zwiebel
1 Knoblauchzehe
5 Eier
4 EL Milch
2 TL Kräuter der Provence
Salz
Pfeffer
2 EL Butter
1 EL Zitronensaft
100 g Ziegenkäserolle
4 EL gehackte Basilikumblätter

***Zubereitung: ca. 40 Min.***

Pro Portion ca. 515 kcal
32 g EW, 39 g F, 8 g KH

***1.*** Die Zucchini putzen, waschen und in dünne Scheiben schneiden. Die Oliven in Ringe schneiden. Zwiebel und Knoblauch schälen und fein würfeln.
***2.*** Die Eier in einer Schüssel mit der Milch und den Kräutern der Provence verquirlen, mit Salz und Pfeffer würzen.
***3.*** In einer beschichteten Pfanne 1 EL Butter erhitzen, Zucchinischeiben und Zwiebelwürfel darin 5 Min. anbraten. Oliven und Knoblauch dazugeben und kurz mitbraten. Das Gemüse mit Zitronensaft beträufeln, salzen und pfeffern, dann mit der Eiermasse in der Schüssel mischen.
***4.*** Die Pfanne mit Küchenpapier auswischen, die restliche Butter darin erhitzen und die Eier-Gemüse-Mischung gleichmäßig in der Pfanne verteilen. Die Frittata bei schwacher bis mittlerer Hitze ca. 10 Min. stocken lassen, mit dem Bratenwender leicht vom Boden lösen. Inzwischen den Ziegenkäse in Scheiben schneiden.
***5.*** Einen passenden Teller auf die Pfanne legen, die Pfanne umdrehen und die Frittata vom Teller vorsichtig zurück in die Pfanne gleiten lassen. Mit dem Ziegenkäse und dem Basilikum belegen und bei schwacher Hitze zugedeckt noch 4 Min. garen.
***6.*** Frittata auf einen großen Teller gleiten lassen und nach Belieben mit grob gemahlenem Pfeffer würzen. Dazu passt Baguette und ein grüner Salat.

**Grillen ist für Vegetarier auf den ersten Blick nicht so der Renner. Wer jedoch ein bisschen Fantasie aufbringt, kann das heiß geliebte Sommerritual auch fleischlos genießen – neidische Blicke der Würstchenfraktion mit inbegriffen!**

## *FETA-TOMATEN-PÄCKCHEN*

***Für 4 Personen***

2 Tomaten | 1 Zwiebel

2 Knoblauchzehen | 1 Bio-Zitrone

400 g Feta | 4 EL Olivenöl

2 TL Kräuter der Provence

4 eingelegte Peperoni | Pfeffer

***Außerdem***

Alufolie

2 EL gehacktes Basilikum zum Bestreuen (nach Belieben)

***Zubereitung: ca. 10 Min.***

Grillzeit: ca. 10 Min.

Pro Portion ca. 325 kcal

20 g EW, 26 g F, 3 g KH

*1.* Die Tomaten waschen und ohne Stielansätze in Scheiben schneiden. Zwiebel und Knoblauch schälen und in Ringe bzw. Scheiben schneiden. Die Zitrone heiß waschen, abtrocknen und dann in 8 dünne Scheiben schneiden.

*2.* Die beiden Fetastücke quer halbieren. Vier Streifen Alufolie mit etwas Olivenöl bestreichen und die Fetastücke drauflegen. Mit den Kräutern bestreuen und mit Tomaten, Zwiebel, Knoblauch, je 2 Zitronenscheiben und 1 Peperonischote belegen. Belegte Fetastücke mit dem restlichen Olivenöl beträufeln und mit Pfeffer würzen.

*3.* Die Alufolie gut verschließen. Die Päckchen ca. 10 Min. auf dem Grill garen. Nach Belieben frisch gehacktes Basilikum über die fertigen Päckchen streuen.

## *MAISKOLBEN*
## *MIT CURRYBUTTER*

***Für 2 Personen***

50 g Kräuterbutter | 1 TL Currypulver

2 vorgekochte Maiskolben (aus dem Kühlregal)

2 TL Öl | Salz | Pfeffer

***Außerdem***

4 Holzspießchen

***Zubereitung: ca. 3 Min.***

Grillzeit: ca. 15 Min.

Pro Portion ca. 310 kcal

2 g EW, 27 g F, 18 g KH

*1.* Für die Currybutter die Kräuterbutter mit dem Currypulver mischen.

*2.* Maiskolben mit dem Öl einreiben und auf dem nicht zu heißen Grill ca. 15 Min. grillen, bis die leicht gebräunt sind, dabei hin und wieder wenden.

*3.* Die fertigen Maiskolben von beiden Seiten auf Spießchen stecken. Die Butter auf dem Mais schmelzen lassen. Diesen salzen und pfeffern, dann stilecht abnagen.

*SORGEN FÜR ABWECHSLUNG AUF DEM GRILL: FETA-PÄCKCHEN, MAISKOLBEN UND SPIESSE*

## PAPRIKA-TOFU-SPIESSE

***Für 4 Personen***

3 EL Zitronensaft
1 TL flüssiger Honig
1 TL Ingwerpulver
1 TL gehackter Knoblauch
5 EL Öl | Salz | Pfeffer
1 rote Paprikaschote
250 g Räuchertofu
16 kleine Champignons (ca. 200 g)

***Außerdem***

8 Metall-Schaschlikspieße oder gewässerte Holzspieße

***Zubereitung: ca. 15 Min.***
Grillzeit: ca. 8 Min.
Pro Portion ca. 230 kcal
11 g EW, 18 g F, 5 g KH

*1.* Zitronensaft, Honig, Ingwer, Knoblauch und Öl verrühren, salzen und pfeffern. Paprika putzen, waschen, in 16 Quadrate schneiden. Tofu abtrocknen, in 16 Würfel schneiden. Pilze putzen, trocken abreiben. Im Wechsel je 2 Paprikastücke, Pilze und Tofuwürfel aufspießen. Spieße mit der Marinade bepinseln und auf dem heißen Grill 6–8 Min. grillen, einmal wenden.

## *ASIA-GEMÜSEPFANNE* MIT TOFU

***Für 2 Personen***

200 g kleine Champignons
125 g Räuchertofu
100 g Mini-Maiskolben (aus dem Glas)
1 rote Paprikaschote
1 Knoblauchzehe
2 EL Sojasauce
2 EL süße Chilisauce
1 TL Ingwerpulver | 1 EL Apfelessig
2 EL Öl | Salz | Pfeffer

***Zubereitung: ca. 20 Min.***

Pro Portion ca. 250 kcal
15 g EW, 16 g F, 11 g KH

*1.* Die Pilze putzen, trocken abreiben und halbieren. Tofu würfeln. Mini-Maiskolben abtropfen lassen und in Stücke schneiden. Paprika längs halbieren, putzen, waschen und in Streifen schneiden.
*2.* Knoblauch schälen und fein würfeln. Mit Sojasauce, Chilisauce, Ingwer, Essig und 2 EL Wasser verrühren.
*3.* Das Öl in einer Pfanne erhitzen, den Tofu darin bei starker Hitze 2 Min. anbraten und wieder herausnehmen. Die Paprika in der Pfanne 3 Min. anbraten, Pilze dazugeben und 2 Min. mitbraten. Mais und Tofu dazugeben, die Würzsauce angießen und alles ca. 3 Min. weiterdünsten. Gemüse-Tofu-Pfanne mit Salz und Pfeffer würzen. Dazu passen Basmatireis oder chinesische Reisnudeln besonders gut.

## TOMATEN-*KICHERERBSEN-CURRY*

***Für 2 Personen***

2 Möhren | 2 Zwiebeln
1 Knoblauchzehe (nach Belieben)
1 EL Butter
3 TL Currypulver
200 ml gelber Fruchtsmoothie (z. B. Mango-Maracuja; aus dem Kühlregal)
400 g stückige Tomaten (aus der Dose)
1 TL flüssiger Honig
200 g abgetropfte Kichererbsen (aus der Dose)
100 g Sahne
Salz | Pfeffer

***Zubereitung: ca. 10 Min.***

Garzeit: ca. 10 Min.
Pro Portion ca. 400 kcal
10 g EW, 23 g F, 39 g KH

*1.* Die Möhren schälen und in Scheiben schneiden. Zwiebeln und nach Belieben den Knoblauch schälen und fein würfeln.
*2.* Butter in einem Topf erhitzen, Möhren und Zwiebeln darin anbraten. Knoblauch und Curry dazugeben und kurz mitbraten. Smoothie, Tomaten, Honig und Kichererbsen dazugeben und alles bei mittlerer Hitze zugedeckt ca. 10 Min. kochen lassen, bis die Möhren gar sind.
*3.* Die Sahne unterrühren, das Curry mit Salz und Pfeffer abschmecken und auf zwei tiefe Teller verteilen. Dazu passt Basmatireis oder indisches Fladenbrot.

***VON DER WG-KÜCHE ZUR GARKÜCHE:*** Wok und Curry bringen ein bisschen Exotik in die Bude und lassen von einem zukünftigen Asien-Trip träumen!

20h
TINA
MAX
ANDREA

# BEEINDRUCKEN

*Manchmal gibt es guten Grund zu feiern.*
*Oder nach einer stressigen Woche ist einfach*
*mal Verwöhnen angesagt.*
*Was ist da schöner und entspannender,*
*als gemeinsam zu schlemmen und zu genießen?*
*Unkompliziert sollte es sein, den Geldbeutel*
*schonen, aber trotzdem richtig was hermachen.*
*Mit den Rezepten auf den folgenden Seiten*
*ist ein gelungenes Essen und viel Spaß*
*mit Freunden garantiert.*

# FELDSALAT MIT WARMEM ZIEGENKÄSE

***Für 2 Personen***
100 g Feldsalat
150 g Cocktailtomaten
1 rote Zwiebel
2 EL Pinienkerne (nach Belieben)
1 Baguettebrötchen
1 Knoblauchzehe
150 g Ziegenkäserolle
2 EL Himbeerkonfitüre
2 EL Apfelessig
1 TL scharfer Senf
3 EL Öl
Salz
Pfeffer
***Außerdem***
Backpapier

***Zubereitung: ca. 25 Min.***
Pro Portion ca. 560 kcal
21 g EW, 38 g F, 32 g KH

*1.* Den Backofen auf 150° (Umluft 130°) vorheizen. Vom Salat die Wurzeln abschneiden, die Blätter waschen und trocken schleudern. Tomaten waschen und halbieren. Die Zwiebel schälen und in schmale Spalten schneiden. Pinienkerne nach Belieben in einer Pfanne ohne Fett unter Rühren hellbraun anrösten, dann sofort herausnehmen.
*2.* Das Brötchen quer in 8 Scheiben schneiden. Ein Backblech mit Backpapier auslegen. Die Brotscheiben darauflegen und im Backofen (Mitte) ca. 4 Min. rösten. Den Knoblauch schälen, halbieren und die Brotscheiben damit abreiben. Den Ziegenkäse in 8 Scheiben schneiden, auf die Brotscheiben legen und diese im heißen Backofen 5–7 Min. erwärmen.
*3.* Konfitüre, Essig und Senf verrühren, das Öl unterschlagen und das Dressing mit Salz und Pfeffer abschmecken.
*4.* Feldsalat, Tomaten und Zwiebel auf zwei Teller verteilen und mit dem Dressing beträufeln. Die Pinienkerne darüberstreuen und die noch warmen Ziegenkäsebrote neben dem Salat anrichten.

## QUINOASALAT
## MIT GRAPEFRUIT

**Für 2 Personen**

80 g Quinoa | 2 TL gekörnte Gemüsebrühe
1 rosa Grapefruit | 80 g Ziegengouda
50 g Rucola
½ reife Avocado
1 EL Apfelessig | 1 EL Öl
Salz | Pfeffer

**Zubereitung: ca. 15 Min.**

Garzeit: ca. 15 Min.
Abkühlzeit: ca. 30 Min.
Pro Portion ca. 525 kcal
17 g EW, 35 g F, 34 g KH

*1.* Quinoa mit 250 ml Wasser und Brühe in einem Topf aufkochen und zugedeckt bei mittlerer Hitze 15 Min. kochen. Von der Herdplatte nehmen und abkühlen lassen.
*2.* Sobald der Quinoa abgekühlt ist, die Grapefruit filetieren. Dafür die Schale mit einem scharfen Messer samt der weißen Haut abschneiden. Die Fruchtfilets zwischen den Trennhäutchen herausschneiden und dritteln. Den Saft aus den Trennhäuten in eine Schüssel drücken.
*3.* Den Ziegenkäse entrinden und würfeln. Rucola waschen, trocken schleudern, grobe Stiele entfernen und die Blätter nach Belieben klein zupfen. Avocado entsteinen, schälen und würfeln. Grapefruitsaft mit Essig und Öl verrühren, salzen und pfeffern. Alle vorbereiteten Zutaten mischen und kurz ziehen lassen.

## LAUWARMER SPARGELSALAT

**Für 2 Personen**

1 Romana-Salatherz
200 g Cocktailtomaten
100 g Radieschen
ca. 3 EL Aceto balsamico bianco (ersatzweise Apfelessig)
1 TL Zucker
1 TL scharfer Senf
ca. 4 EL Öl | Salz | Pfeffer
300 g grüner Spargel | 1 EL Butter

**Zubereitung: ca. 25 Min.**

Pro Portion ca. 295 kcal
4 g EW, 25 g F, 12 g KH

*1.* Den Salat zerpflücken, waschen, trocken schleudern und die Blätter nach Belieben klein zupfen. Tomaten waschen und halbieren. Radieschen waschen, putzen, in Scheiben schneiden. 2 EL Essig mit Zucker und Senf verrühren. 3 EL Öl unterrühren, das Dressing salzen und pfeffern.
*2.* Den Spargel waschen, die holzigen Enden großzügig abschneiden, die Stangen in mundgerechte Stücke schneiden. Restliches Öl in einer Pfanne erhitzen, den Spargel darin bei mittlerer Hitze rundherum ca. 6 Min. braten, bis er leicht gebräunt ist. Butter dazugeben und schmelzen lassen. Spargel mit Salz, Pfeffer und Essig würzen.
*3.* Tomaten, Radieschen und Spargel in einer Schüssel mit dem Dressing mischen. Den Blattsalat auf zwei Teller verteilen und die Gemüsemischung darauf anrichten.

***RAFFINIERT KOMBINIERT:*** Langeweile war gestern – mit diesen kreativen Salaten kommt garantiert vitaminreiche Abwechslung auf den Teller.

# BRUSCHETTA MIT PFIFFERLINGEN

***Für 2 Personen***

200 g Tomaten
100 g eingelegte Artischockenherzen
100 g schwarze Oliven (ohne Stein)
2 Stängel Basilikum
200 g Pfifferlinge (ersatzweise kleine Champignons oder Egerlinge)
1 EL Butter
Salz
Pfeffer
2 Knoblauchzehen
4 Scheiben Weißbrot
2 EL Olivenöl

***Außerdem***

Toaster

***Zubereitung: ca. 20 Min.***

Pro Portion ca. 330 kcal
8 g EW, 22 g F, 24 g KH

*1.* Tomaten waschen, halbieren, entkernen, dabei die Stielansätze entfernen und die Hälften würfeln. Artischocken klein schneiden, die Oliven halbieren. Basilikum waschen, trocken schütteln, die Blätter ab- und nach Belieben klein zupfen.
*2.* Die Pfifferlinge putzen und trocken abreiben. Butter in einer Pfanne erhitzen und die Pilze darin ca. 5 Min. anbraten, dann mit Salz und Pfeffer würzen.
*3.* Tomaten, Oliven und Artischocken zu den Pilzen geben und erwärmen. Den Knoblauch schälen, 1 Zehe zum Gemüse pressen, dieses salzen und pfeffern und das Basilikum untermischen.
*4.* Das Brot toasten. Restlichen Knoblauch halbieren und das Brot damit abreiben. Brote auf zwei Teller legen und die Tomaten-Pilz-Mischung darauf verteilen. Die fertigen Bruschette mit etwas Olivenöl beträufeln und servieren.

***TIPP*** **Als Brotunterlage eignen sich auch Baguette und Ciabatta. Bei kleineren Broten heißt es dann nicht mehr Bruschetta, sondern Crostini. Wer keinen Toaster hat, röstet die Brotscheiben ca. 2 Min. ohne Fett in einer Pfanne an.**

## *KÜRBIS-* **PROSECCO-CAPPUCCINO**

***Für 4 Personen***

500 g Hokkaidokürbis | ½ Stange Lauch
1 kleine Zwiebel | 2 EL Butter
350 ml Gemüsebrühe | 200 g Sahne
100 ml Prosecco | Salz | Pfeffer
ca. 1 TL Currypulver | 300 ml kalte Milch

***Außerdem***

Pürierstab
Milchaufschäumer
(ersatzweise Schneebesen)

***Zubereitung: ca. 30 Min.***

Pro Portion ca. 295 kcal
5 g EW, 23 g F, 12 g KH

**1.** Den Kürbis waschen, putzen, entkernen und klein schneiden. Hokkaido muss nicht geschält werden. Den Lauch putzen, waschen, abtrocknen und klein schneiden. Die Zwiebel schälen, fein würfeln. Butter in einem Topf erhitzen, Kürbis, Lauch und Zwiebel darin andünsten. Brühe dazugießen, aufkochen und bei schwacher Hitze zugedeckt in ca. 10 Min. gar kochen.
**2.** Sahne und Prosecco dazugießen und die Suppe noch kurz köcheln lassen, dann mit dem Pürierstab fein pürieren und mit Salz, Pfeffer und Curry würzen. Zugedeckt warm halten. Milch in einem Topf mit dem Milchaufschäumer aufschäumen. Dann erhitzen und dabei weiterschäumen. Die Suppe in vier hitzebeständige Gläser füllen und mit Milchschaum garnieren.

## **BASILIKUMCREMESUPPE** *MIT POCHIERTEM EI*

***Für 2 Personen***

2 Zwiebeln | 1 Knoblauchzehe
500 ml Gemüsebrühe
80 ml trockener Weißwein (ersatzweise
70 ml heller Traubensaft + 1 EL Apfelessig)
Salz | 6 EL Apfelessig | 2 Eier
2 Bund Basilikum | 100 g Sahne | Pfeffer

***Außerdem***

Pürierstab

***Zubereitung: ca. 20 Min.***

Pro Portion ca. 300 kcal
9 g EW, 22 g F, 9 g KH

**1.** Zwiebeln und Knoblauch schälen. In einem Topf mit Brühe und Wein aufkochen und 5 Min. bei mittlerer Hitze köcheln lassen. Sud durch ein Sieb gießen, auffangen und zugedeckt warm halten.
**2.** Für die pochierten Eier 1 l Wasser mit 2 EL Salz und dem Essig aufkochen. Die Eier einzeln in eine Tasse aufschlagen und in das Wasser gleiten lassen. Die Eier offen bei schwacher Hitze ca. 4 Min. köcheln lassen, dann mit einer Schaumkelle aus dem Wasser heben und abtropfen lassen.
**3.** Basilikum waschen, trocken schütteln und die Blätter abzupfen. Sahne und Basilikum in die Brühe geben, erhitzen und mit dem Pürierstab schaumig pürieren. Suppe salzen und pfeffern und auf zwei tiefe Teller verteilen. Die pochierten Eier daraufsetzen und mit Pfeffer bestreuen.

# *SPAGHETTINESTER*
## *IM PERGAMENT*

***Für 4 Personen***
400 g Spaghetti
Salz
500 g Brokkoli
1 Bio-Zitrone
100 g weiche Butter
2 EL gemischte TK-Kräuter
Pfeffer
8 getrocknete Tomaten (in Öl eingelegt)
2 Knoblauchzehen
100 g schwarze Oliven
***Außerdem***
Pergament- oder Backpapier
Küchengarn

***Zubereitung: ca. 25 Min.***
Garzeit: ca. 15 Min.
Pro Portion ca. 710 kcal
17 g EW, 36 g F, 79 g KH

*1.* Die Spaghetti nach Packungsangabe in reichlich kochendem Salzwasser sehr bissfest garen. Den Brokkoli in kleine Röschen teilen und in kochendem Salzwasser 5 Min. garen, dann in ein Sieb abgießen und kalt abschrecken. Nudeln abgießen und ebenfalls kalt abschrecken.
*2.* Die Zitrone heiß waschen, abtrocknen, die Schale abreiben und den Saft auspressen. Zitronenschale und 2 EL Saft mit der Butter verrühren. Die Kräuter untermischen und die Zitronen-Kräuter-Butter mit Salz und Pfeffer würzen.
*3.* Den Backofen auf 180° (Umluft 160°) vorheizen. Die Tomaten abtropfen lassen und in Streifen schneiden. Knoblauch schälen, in dünne Scheiben schneiden.
*4.* 8 Bögen Pergament- oder Backpapier (40 × 35 cm) bereitlegen. Jeweils 2 Bögen übereinanderlegen. Nudeln in 4 Portionen teilen und je 1 Portion auf 1 Papier-Duo mit einer Gabel zusammendrehen. Oliven, Tomaten, Brokkoli, Knoblauch und Zitronenbutter daraufgeben.
*5.* Das Papier nach oben hin zusammenfassen und mit Küchengarn zubinden. Päckchen auf einem Blech im heißen Backofen (Mitte) 10–15 Min. garen. Dann herausnehmen und sofort servieren.

## *GNOCCHI*
## *MIT SPINAT-KÄSE-SAUCE*

***Für 2 Personen***

150 g Pfifferlinge oder Champignons
125 g aufgetauter TK-Blattspinat
100 g Sahne
50 ml Milch
1 Knoblauchzehe
2 EL Butter
Salz | Pfeffer
400 g frische Gnocchi (aus dem Kühlregal)
125 g Blauschimmelkäse
frisch geriebene Muskatnuss
ca. 1 EL Apfelessig

***Zubereitung: ca. 20 Min.***

Pro Portion ca. 825 kcal
27 g EW, 45 g F, 78 g KH

*1.* Die Pilze putzen und trocken abreiben. Den Spinat ausdrücken. Sahne, Milch und Spinat in einem Topf erhitzen, den Knoblauch schälen und dazupressen.
*2.* In einer Pfanne 1 EL Butter erhitzen und die Pilze darin 4 Min. rundherum anbraten, mit Salz und Pfeffer würzen und zur Spinatsahne geben. Die Gnocchi in der restlichen Butter schwenken und erwärmen.
*3.* Den Käse in der Spinatsahne schmelzen lassen und diese mit Salz, Pfeffer, Muskatnuss und Essig abschmecken.
*4.* Die Gnocchi auf Tellern anrichten und die Sauce darauf verteilen.

***TIPP*** **Blauschimmelkäse ist nicht jedermanns Sache. Wer es etwas milder mag, ersetzt ihn durch Frischkäse oder – etwas herzhafter – durch Ziegenfrischkäse.**

## *SPAGHETTI MIT TOMATEN*
## *UND LIMETTENSCHAUM*

***Für 2 Personen***

250 g Cocktailtomaten
2 Knoblauchzehen
1 EL flüssiger Honig
3 EL Olivenöl
2 TL Kräuter der Provence
Salz
Pfeffer
250 g Spaghetti
1 Bio-Limette
50 ml trockener Weißwein (ersatzweise Orangensaft)
100 ml Gemüsebrühe
80 g Crème fraîche

***Außerdem***

Auflaufform (20 × 30 cm)
Pürierstab

***Zubereitung: ca. 35 Min.***

Pro Portion ca. 825 kcal
18 g EW, 33 g F, 109 g KH

*1.* Den Backofen auf 160° vorheizen. Tomaten waschen und halbieren. Den Knoblauch schälen und in Scheiben schneiden.

***PERFEKT FÜR ANGEBER: MIT DIESEN SIMPLEN PASTAGERICHTEN SCHINDET MAN MÄCHTIG EINDRUCK.***

***2.*** Die Tomaten mit der Schnittfläche nach oben in die Auflaufform legen, mit Honig und Öl beträufeln. Kräuter und Knoblauch darüberstreuen, die Tomaten mit Salz und Pfeffer würzen und im heißen Backofen (Mitte, Umluft 140°) ca. 30 Min. garen.
***3.*** Nach 15 Min. die Spaghetti nach Packungsangabe in reichlich kochendem Salzwasser bissfest garen.
***4.*** Inzwischen die Limette heiß waschen, trocken reiben, die Schale abreiben und den Saft auspressen. Wein und Brühe aufkochen und 3 Min. leise köcheln lassen.
***5.*** Crème fraîche, Limettenschale und 3 EL Limettensaft unterrühren und die Sauce mit Salz und Pfeffer abschmecken. Spaghetti in ein Sieb abgießen und abtropfen lassen. Mit den geschmolzenen Tomaten auf tiefen Tellern anrichten.
***6.*** Die Sauce mit dem Pürierstab schaumig aufmixen und über die Pasta schöpfen.

## *SPARGEL-TOMATEN-GEMÜSE*

***Für 2 Personen***

500 g weißer Spargel
200 g Cocktailtomaten
2 Frühlingszwiebeln
1 Bund Basilikum | 1 EL Butter
50 ml trockener Weißwein (ersatzweise 50 ml Wermut + 1 EL Zitronensaft; beides nach Belieben)
100 g Crème fraîche
Salz | Pfeffer

***Zubereitung: ca. 25 Min.***

Pro Portion ca. 305 kcal
6 g EW, 25 g F, 10 g KH

*1.* Den Spargel schälen, die holzigen Enden großzügig wegschneiden und die Stangen schräg in ca. 3 cm große Stücke schneiden. Die Tomaten waschen und halbieren. Die Frühlingszwiebeln putzen, waschen und schräg in Stücke schneiden. Basilikum waschen, trocken tupfen, die Blätter in Streifen schneiden.

*2.* Die Butter in einer Pfanne erhitzen und den Spargel darin bei mittlerer Hitze 4 Min. anbraten. Die Tomaten dazugeben und ca. 2 Min. mitbraten. Nach Belieben mit dem Wein ablöschen, kurz köcheln lassen und die Crème fraîche dazugeben. Frühlingszwiebeln hinzufügen und alles kurz einkochen lassen. Das Gemüse mit Salz und Pfeffer abschmecken. Mit dem Basilikum bestreut und am besten mit der cremigen Polenta als Beilage servieren.

## *CREMIGE POLENTA*

***Für 2 Personen***

100 ml Milch
Salz | Pfeffer
frisch geriebene Muskatnuss
70 g Instant-Polenta
30 g Butter

***Zubereitung: ca. 5 Min.***

Pro Portion ca. 265 kcal
5 g EW, 15 g F, 28 g KH

*1.* Die Milch mit 200 ml Wasser in einem Topf erhitzen. Mit etwas Salz, Pfeffer und Muskatnuss würzen.

*2.* Die Mischung aufkochen, die Polenta einrieseln lassen und etwa 2 Min. rühren, bis die Masse dick und cremig ist. Die Butter unterrühren und die Polenta servieren.

***TIPP*** **Wer's würziger mag, gibt noch ½ gehackte Knoblauchzehe mit in den Sud. Für ein leichtes Kräuteraroma, die Butter durch Kräuterbutter ersetzen. Nach Belieben noch etwas geriebenen Käse (s. Info S. 8) unterrühren.**

# *KARTOFFELGRATIN* *MIT ÄPFELN UND PILZEN*

***Für 2 Personen***

200 g Sahne
2 TL scharfer Senf
50 g geriebener Emmentaler (s. Info S. 8)
1 Knoblauchzehe (nach Belieben)
Salz | Pfeffer
300 g festkochende Kartoffeln
1 säuerlicher Apfel
200 g kleine Champignons
1 EL Butter
2 EL Aceto balsamico

***Außerdem***

2 kleine Gratinformen von ca. 12 cm Ø (ersatzweise 1 Auflaufform mit 20 × 30 cm)
Butter für die Formen
frische Kräuter zum Garnieren (nach Belieben)

***Zubereitung: ca. 20 Min.***

Garzeit: ca. 1 Std.
Pro Portion ca. 625 kcal
15 g EW, 49 g F, 30 g KH

***1.*** Den Backofen auf 180° vorheizen. Die Sahne mit Senf und Käse verrühren. Falls verwendet, den Knoblauch schälen und dazupressen. Die Sahne-Käse-Mischung mit Salz und Pfeffer kräftig würzen. Die Gratinformen einfetten.

***2.*** Kartoffeln schälen und in dünne Scheiben schneiden oder hobeln. Den Apfel schälen, halbieren, das Kerngehäuse entfernen und die Hälften in dünne Spalten schneiden. Kartoffeln und Apfel mit der Sahne mischen und in die Formen schichten. Gratins im heißen Backofen (Mitte, Umluft 160°) 50–60 Min. backen, dabei gegen Ende eventuell mit Alufolie abdecken, damit sie nicht zu dunkel werden.

***3.*** Die Pilze putzen und trocken abreiben. Nach ca. 45 Min. Garzeit die Butter in einer Pfanne erhitzen und die Pilze darin bei mittlerer Hitze 5–7 Min. rundherum anbraten. Den Essig darüberträufeln und die Pilze mit Salz und Pfeffer würzen.

***4.*** Die Gratins aus dem Ofen nehmen und die Pilze darauf anrichten. Wer mag, garniert die fertigen Gratins noch mit etwas gehacktem »Grünzeug«, z. B. Rucola, Petersilie oder Basilikum.

Vin

# OHNE OFEN

Ohne Backofen keinen Kuchen – stimmt so nicht! Denn im Kühlschrank geht's auch. Teig und Belag müssen darin einige Stunden fest werden und durchkühlen! Sonst ist alles eigentlich ganz einfach: Der Teig wird schnell aus zerbröselten Keksen und Butter geknetet. Dank Agar-Agar, vegetarischem Gelatine-Ersatz in Pulverform, wird jeder Fruchtbelag und jede Creme fest. Ab jetzt gibt es also keine Ausreden mehr, wenn sich am Wochenende die Eltern ankündigen, oder das Seminar zum Semesterabschluss eine Torte fordert.

# ERDBEERLIMES-
## FRISCHKÄSE-TORTE

***Für 1 Springform von 28 cm Ø (12 Stücke)***

200 g Vollkorn-Butterkekse
150 g Butter | 200 g Sahne
600 g Frischkäse
1 EL Zitronensaft
100 g Zucker | 100 ml Milch
2 leicht gehäufte TL Agar-Agar (aus dem Bio-Laden)
500 ml Erdbeerlimes
400 g Erdbeeren

***Außerdem***

Gefrierbeutel
Nudelholz (ersatzweise Fleischklopfer)
Backpapier

***Zubereitung: ca. 40 Min.***

Kühlzeit: über Nacht
Pro Stück ca. 390 kcal
10 g EW, 23 g F, 22 g KH

*1.* Am Vortag Kekse in einen Gefrierbeutel füllen, mit dem Nudelholz fein zerbröseln. Die Butter in kleine Würfel schneiden. Keksbrösel und Butter kräftig verkneten.
*2.* Den Boden der Springform mit Backpapier belegen und dieses im Springformrand einspannen. Die Keksmasse daraufgeben, gleichmäßig verteilen und kräftig andrücken. Kühl stellen. Die Sahne mit den Quirlen des Handrührgeräts steif schlagen und ebenfalls kühl stellen.
*3.* Frischkäse, Zitronensaft und 80 g Zucker verrühren. Milch in einem Topf mit 1 leicht gehäuften TL Agar-Agar verrühren und aufkochen. Vom Herd nehmen, 2 gehäufte EL Frischkäsemasse dazugeben und glatt rühren. Die Mischung zur restlichen Frischkäsemasse geben, rasch unterrühren. Die Sahne unterheben, die Masse auf dem Teig verteilen und glatt streichen.
*4.* Die Hälfte des Erdbeerlimes in einem Topf mit dem restlichen Agar-Agar und Zucker mischen, aufkochen und kurz köcheln lassen. Vom Herd nehmen, den restlichen Erdbeerlimes dazugießen und die Mischung lauwarm abkühlen lassen.
*5.* Die Fruchtmasse über einen Löffelrücken langsam auf die Creme laufen lassen. Die Torte über Nacht zugedeckt in den Kühlschrank stellen.
*6.* Am nächsten Tag die Erdbeeren waschen, putzen und halbieren. Die Torte mit den Erdbeeren belegen und servieren.

***TIPP*** **Agar-Agar ist die vegetarische Variante zu Gelatine. Es wird aus Algen gewonnen und ist als Pulver erhältlich.**

## KIRSCH-TIRAMISU

***Für 4 Personen***

50 g Amarettini (ital. Mandelkekse)
400 g Frischkäse
300 g Schmand
2 Pck. Vanillezucker
40 g Zucker
500 g Kirschgrütze ohne Gelatine (aus dem Kühlregal)
ca. 80 ml abgekühlter Espresso
2 EL Kakaopulver

***Außerdem***

Gefrierbeutel
Nudelholz

***Zubereitung: ca. 10 Min.***

Kühlzeit: mind. 2 Std.
Pro Portion ca. 565 kcal
18 g EW, 30 g F, 56 g KH

***1.*** Die Amarettini in einen Gefrierbeutel geben und mit dem Nudelholz oder den Händen fein zerbröseln. Frischkäse, Schmand, Vanillezucker und Zucker miteinander verrühren.
***2.*** Nun die Tiramisu-Komponenten in folgender Reihenfolge in vier Gläser füllen: Grütze, Frischkäsecreme, Amarettini und 1 EL Espresso übereinanderschichten, das gleiche noch einmal wiederholen und mit Creme abschließen. Tiramisu zugedeckt kühl stellen und mindestens 2 Std., besser über Nacht, durchziehen lassen.
***3.*** Vor dem Servieren das Kirsch-Tiramisu mit Kakao bestäuben.

## MOUSSE AU CHOCOLAT

***Für 4 Personen***

200 g Zartbitterschokolade
200 g Sahne
2 Eier
1 Pck. Vanillezucker
60 g Zucker

***Außerdem***

frische Beeren zum Garnieren (z. B. Johannisbeeren oder Himbeeren)

***Zubereitung: ca. 20 Min.***

Kühlzeit: mind. 2 Std.
Pro Portion ca. 530 kcal
9 g EW, 39 g F, 37 g KH

***1.*** Die Schokolade zerbröckeln, in einer Schüssel im heißen Wasserbad schmelzen und wieder etwas abkühlen lassen. Die Sahne mit den Quirlen des Handrührgeräts steif schlagen und kühl stellen.
***2.*** Eier, Vanillezucker und 40 g Zucker in einer Rührschüssel mit den Quirlen des Handrührgeräts ca. 5 Min. zu einer schaumigen Creme schlagen. Die Schokolade unterrühren, die Sahne unterheben.
***3.*** Die Mousse auf vier Gläser verteilen und zugedeckt mindestens 2 Std., besser über Nacht, kühl stellen.
***4.*** Zum Servieren den restlichen Zucker auf einen Teller geben. Die Beeren vorsichtig waschen, noch leicht feucht im Zucker wenden und auf der Mousse anrichten.

## *GUT KOMBINIERT – MENÜS FÜR JEDEN ANLASS*

Wenn sich Freunde, Familie oder der neue Schwarm ankündigen, darf geklotzt werden. Wer seinen Gästen zu jedem Anlass und in allen Jahreszeiten das passende Menü oder Büfett auftischen möchte, findet hier clevere Ideen, wie er Gerichte aus diesem Buch passend kombinieren kann.

### Zeitdruck-Menü
Avocadosalat mit Äpfeln 77
Carbonara mit Räuchertofu 92
Pfirsich-Kefir 33

### Kalte-Tage-Menü
Kürbis-Prosecco-Cappuccino 122
Flammkuchen mit Rucola 88
Apple Crumble 83

### Wie-Gott-in-Frankreich-Menü
Feldsalat mit warmem Ziegenkäse 117
Kartoffelgratin mit Äpfeln und Pilzen 130
Mousse au Chocolat 134

### Easy-India-Menü
Möhren-Erdnuss-Suppe 70
Tomaten-Kichererbsen-Curry 112
Gebackene Banane mit Honig 80

### Candlelight-Dinner-Menü
Basilikumcremesüppchen mit Ei 122
Spaghetti mit Tomaten
und Limettenschaum 126
Kirsch-Tiramisu 134

### 8-Personen-Fernseh-Menü
Guacamole (dazu Tortillachips kaufen) 44
2 × Käsespätzle mit Pilzen 95
Walnuss-Brownies 53

### Türkische-Genüsse-Menü
Türkische Linsensuppe 70
Blätterteig-Pide mit Lauch 50
Joghurt mit Obst und Nüssen 17

### Take-Away-Menü
Blätterteigtaschen mit Spinat 40
Bohnen-Wraps 47
Möhren-Kokos-Muffins 53

### Sommernachts-Menü
Brotsalat mit Halloumi 62
Pfannengemüse mit Couscous 75
Curry-Mandeln 43

### Viva-Italia-Menü
Bruschetta mit Pfifferlingen 120
Spaghettinester im Pergament 125
Kirsch-Tiramisu 134

### Orientalisches Büfett
Hummus (dazu türkisches Fladenbrot) 44
Taboulé 65
Falafel mit Sesamsauce 78

### Monatsende-Spar-Menü
Spaghetti-Muffins 50
Ofengemüse mit Zaziki 102
Arme Studis 80

MENÜ
BASILIKUMSÜPPCHEN
SPAGHETTI MIT
KIRSCH-TIRAMISU

# REGISTER

# Appetit auf mehr?

ISBN 978-3-8338-1438-9

ISBN 978-3-8338-1884-4

ISBN 978-3-8338-2518-7

ISBN 978-3-8338-1890-5

ISBN 978-3-8338-1896-7

ISBN 978-3-8338-1475-4

**www.gu.de:** Blättern Sie in unseren Büchern, entdecken Sie wertvolle Hintergrundinformationen sowie unsere Neuerscheinungen.

G|U

Willkommen im Leben.

**Martin Kintrup, Autor,** kochte schon während seines Studiums mit Begeisterung, und das nicht nur für sich selbst, sondern auch in einem vegetarischen Restaurant in Münster. Inzwischen hat er seine Lust am Kochen, Essen und Genießen zum Beruf gemacht. Als Autor und Redakteur arbeitet er für mehrere Verlage und hat schon zahlreiche Kochbücher geschrieben.

**Coco Lang, Fotografin,** kocht und fotografiert mit wahrer Begeisterung in ihrer Werkstatt am Münchner Viktualienmarkt. Mit ihrem Blick auf die außergewöhnlichen Dinge des Lebens und ihrem Gespür für unterschiedliche Themen hat sie für dieses Buch so einige Studenten-WGs besucht und in den jeweiligen Küchen authentische Stimmung eingefangen.



Projektleitung: Sigrid Burghard
Lektorat: Cora Wetzstein
Korrektorat: Petra Bachmann
Fotografie: Coco Lang
Foodstyling: Marco Bernhard
Post-Produktion: Bird Imaging
Umschlag und Gestaltung: independent Medien-Design, Horst Moser, München
Herstellung: Petra Roth
Satz: Bernd Walser Buchproduktion, München
Repro: Longo AG, Bozen
Druck: Firmengruppe APPL, aprinta druck, Wemding
Bindung: Firmengruppe APPL, sellier druck, Freising

**Umwelthinweis**
Dieses Buch ist aus PEFC-zertifiziertem Papier aus nachhaltiger Waldwirtschaft gedruckt.

**Syndication:**
www.jalag-syndication.de

ISBN 978-3-8338-2387-9

1. Auflage 2012

GRÄFE UND UNZER

*Ein Unternehmen der*
GANSKE VERLAGSGRUPPE

## Unsere Garantie

Alle Informationen in diesem Ratgeber sind sorgfältig und gewissenhaft geprüft. Sollte dennoch einmal ein Fehler enthalten sein, schicken Sie uns das Buch mit dem entsprechenden Hinweis an unseren Leserservice zurück. Wir tauschen Ihnen den GU-Ratgeber gegen einen anderen zum gleichen oder ähnlichen Thema um.

## Liebe Leserin und lieber Leser,

wir freuen uns, dass Sie sich für ein GU-Buch entschieden haben. Mit Ihrem Kauf setzen Sie auf die Qualität, Kompetenz und Aktualität unserer Ratgeber. Dafür sagen wir Danke! Wir wollen als führender Ratgeberverlag noch besser werden. Daher ist uns Ihre Meinung wichtig. Bitte senden Sie uns Ihre Anregungen, Ihre Kritik oder Ihr Lob zu unseren Büchern. Haben Sie Fragen oder benötigen Sie weiteren Rat zum Thema? Wir freuen uns auf Ihre Nachricht!

**Wir sind für Sie da!**
Montag - Donnerstag:
8.00 – 18.00 Uhr;
Freitag: 8.00 – 16.00 Uhr
Tel.: 0180 - 5 00 50 54*
Fax: 0180 - 5 01 20 54*
E-Mail:
leserservice@graefe-und-unzer.de

*(0,14 €/Min. aus dem dt. Festnetz/ Mobilfunkpreise max. 0,42 €/Min.)

**PS:** Wollen Sie noch mehr Aktuelles von GU wissen, dann abonnieren Sie doch unseren kostenlosen GU-Online-Newsletter und/oder unsere kostenlosen Kundenmagazine.

**GRÄFE UND UNZER VERLAG**
Leserservice
Postfach 86 03 13
81630 München